# 保险风险模型的
# 分红与破产分析

刘 章◎著

ANALYSIS OF DIVIDEND AND BANKRUPTCY OF
INSURANCE RISK MODEL

经济管理出版社
ECONOMY & MANAGEMENT PUBLISHING HOUSE

**图书在版编目（CIP）数据**

保险风险模型的分红与破产分析/刘章著 . —北京：经济管理出版社，2021.8
ISBN 978 – 7 – 5096 – 8195 – 4

Ⅰ. ①保…　Ⅱ. ①刘…　Ⅲ. ①保险业—风险管理—研究　Ⅳ. ①F840. 323

中国版本图书馆 CIP 数据核字（2021）第 157255 号

组稿编辑：吴　倩
责任编辑：丁慧敏　吴　倩　康国华
责任印制：黄章平
责任校对：董杉珊

出版发行：经济管理出版社
　　　　　（北京市海淀区北蜂窝 8 号中雅大厦 A 座 11 层　100038）
网　　址：www. E – mp. com. cn
电　　话：（010）51915602
印　　刷：唐山玺诚印务有限公司
经　　销：新华书店
开　　本：720mm × 1000mm/16
印　　张：12. 25
字　　数：205 千字
版　　次：2021 年 10 月第 1 版　　2021 年 10 月第 1 次印刷
书　　号：ISBN 978 – 7 – 5096 – 8195 – 4
定　　价：68. 00 元

# 前　言

本书主要介绍保险精算中有关分红与破产问题的分析以及计算方法。本书内容是在保险风险理论的基础上进行介绍的，因此，对本书感兴趣的读者，应对保险风险理论的知识有所了解。

本书的总体结构分为四个部分。第一部分是综述，主要介绍本书的结构、研究的问题以及章节的安排。第二部分研究了对偶保险风险模型的分红与破产问题。在这一部分中，作者提出一种基于 Laplace 逆变换与尺度函数相结合的方法来研究带扩散扰动的对偶风险模型在混合策略下的分红与破产问题。利用这种方法，可求解出总红利期望现值以及破产时刻的 Laplace 变换的用尺度函数形式表示的一般表达式。文中阐述了此种方法与文献 Dickson 和 Hipp (2001) 以及 Zhang 和 Han (2017) 所采用方法的区别，并通过实例来说明这种方法是可行且有效的。在以往的一些文献中，对相关变量（如总期望分红现值、破产时刻的 Laplace 变换等）的刻画常通过求解其满足的积分微分方程来进行，常用的方法有更新方程法、Dickson - Hipp 算子法等，这些方法往往不能直接给出目标变量的表达式（Avanzi 和 Gerber，2008）。为此，本书尝试使用 Laplace 逆变换结合尺度函数的方法来研究提出的问题，这为解决目标问题提供了新途径。第三部分对由 Lévy 过程驱动的带跳保险风险模型的分红与破产问题进行了分析。在本部分中，作者在谱负 Lévy 过程中引入了回撤函数以及对应的回撤时间变量，利用 Lévy 过程的波动理论（Kyprianou，2014）来推导在回撤时间之前的总红利期望现值以及对应的 Laplace 变换的一般表达式。同时，作者还研究了谱负 Lévy 过程驱动的保险风险模型在棘轮策略下的分红等相关问题。第四部分总结了本书的研究内容，对尺度函数的更多性质和应用进行了阐述，并对未来可能进行的研究工作进行了展望。

本书所有内容都是基于保险风险理论以及 Lévy 过程的波动理论，同时，为了使文中内容更易理解与应用，我们将涉及数学方面的内容都进行了详细的证明，并结合数据表与图形对结果进一步展示，尽量做到通俗易懂。

本书可以作为保险精算、金融数学以及概率论数理统计专业的教学用书或参考用书。该书适用于两类读者：第一类是保险精算、金融、统计等专业的教师和研究人员以及广大攻读保险精算方向学位的研究生；第二类是金融、保险、统计、管理等行业的从业人员，特别是正从事保险精算和金融创新设计的决策人员以及相关的研究工作者。深信本书将对他们的学习、研究和应用有所裨益。

由于水平有限，本书难免有不足之处，恳请读者朋友们提出宝贵的意见。我们会循着你们提出的宝贵意见与建议，在实践中不断积累，不断改进，不断完善，不断提升，以期向读者们呈现更多更前沿的成果。

感谢江西省高校人文社会科学研究项目（JC20203）以及江西省科技计划项目（GJJ180201）对本书的出版资助！

# 内容简介

近年来，对保险风险模型中分红及破产等相关问题的研究一直是金融与保险精算数学研究的热点，它也是概率论与数理统计应用研究的一个重要分支。其经典的研究方法是将保险公司运行过程（或其他商业活动）中的控制变量诸如初始资本、保费收入、索赔额等用某个随机过程来模拟，着重分析公司保证金盈余、分红、破产等相关指标的变化规律，以此为保险公司的长期稳定运营提供理论依据。早期，精算师专注于研究破产可能性的大小并以此评估公司面临的风险。De Finetti（1957）将最优分红问题（寻求破产前总分红期望现值最大化）引入风险理论后，"采用什么分红策略"以及"分红量的多少"逐渐成为保险风险理论研究的重要课题。基于此，本书考虑了若干保险风险模型（主要包括对偶风险模型与带跳保险风险模型等），研究了其在不同策略下的分红、破产及相关问题，研究变量包括总红利期望现值、破产时间、回撤时间、最优阈值水平等。研究内容共分四个部分九个章节，具体如下。

第一部分是绪论及预备知识部分，首先介绍了保险数学中各种分红策略的概念以及研究进展，其次回顾了 Lévy 过程的定义、几类特殊的 Lévy 过程以及与之相关的一些结论，并介绍了本书的整体框架。第二部分研究的是对偶保险风险模型的分红与破产问题。本部分一方面研究了带扰动风险模型在阈值分红策略下的分红与相关问题；另一方面研究了带扰动对偶风险模型在混合分红策略下的分红及相关问题。推导了直到破产时间为止的总红利期望现值，以及破产时刻的 Laplace 变换满足的积分微分方程，并通过引入的辅助尺度函数分别表示出其一般表达式。第三部分研究的是由 Lévy 过程驱动的保险风险模型的分红与破产问题。本部分一方面研究了带回撤时间的谱负 Lévy 过程在屏障策略下的分红问题，利用 Lévy 过程的尺度函数，得到了直到回撤时间为止的总红利期望现值的 $k$ 阶矩的一般表达式，同时给出了总红利期望现值的 Laplace 变换的一般表达式；另一方面研究了谱负 Lévy 风险过程在棘轮策略下的 De Finetti 分红问题，推导了直到回撤时间为止的总红利期望现值的封闭式表达式，同时给出了在棘轮分红策略下最优棘轮边界满足的条件。第四部分总结了本书的研究内容，对尺度函数的更多性质和应用进行了进一步阐述，并对未来可能进行的进一步研究工作进行展望。

# 目 录

# 第三部分　Lévy 过程驱动的保险风险模型的分红与破产问题

# 第四部分 带跳保险风险模型的分红与破产问题总结

# 第一部分　保险精算中的分红与破产问题

# 第一章　保险风险模型的
# 分红与破产问题

在本章中，首先，对破产时刻、各种分红策略的概念以及相关研究进展进行介绍；其次，由于许多保险风险模型可以通过 Lévy 过程进行刻画，因此，我们通过一段内容来回顾 Lévy 过程的定义以及与之相关的一些结论；最后，我们介绍 Lévy 过程的尺度函数的定义，并对几类特定的保险风险模型给出对应的尺度函数。

## 第一节　破产时刻与分红策略

在当今世界经济发展的过程中，受各种不确定因素影响，金融市场的波动不断加剧，这可能给保险公司或其股东带来较大的风险。因此，如何评估和量化这些风险，以使公司股东获得较长远的预期收益，是风险管理与保险精算相关研究领域的热点话题。相关研究主要借助概率论与随机过程等理论构造数学模型，并分析商业活动中可能遇到的各种风险。经典的研究方法是将保险公司运行过程（或其他商业活动）中的控制变量诸如初始资本、保费收入、索赔额等用某个随机过程来模拟，着重分析公司保证金盈余、分红、破产等相关指标的变化规律。

所谓破产，是指债务人因不能偿债或者资不抵债时，由债权人或债务人诉请法院宣告破产并依破产程序偿还债务的一种法律制度。多数情况下，破产指一种公司行为和经济行为，而人们有时习惯把个人或者公司停止经营也叫作破产。在保险精算数学的研究领域，研究者常常将保险公司在经营过程中的资本盈余金首次为负的时刻定义为破产时刻。在 20 世纪上半叶，精算师专注于研究破产的可能性并以此评估公司面临的风险。1957 年，在第十五届纽约精算会议上，De Finetti（1957）首次将最优分红问题（寻求破产前总分红期望现值最大化）引入到风险理论中来，自此，对两个最基本的问题"采用什么分红策略"与"分红量的多少"的研究逐渐成为保险风险理论中的重要课题。

所谓分红，是指将公司收入或现金流的一部分作为红利在某个时间点（分红时刻）按照某种方式（分红策略）分配给公司所有者或者公司股份拥有者。对于风险理论的不同数学模型，如何根据公司的盈余金过程，采取不同的分红策略，合理地把红利分配给股东，使保险公司股东在可能的破产之前获得更多的回报，并又能使公司有充裕的流动资金进行追加投资且获得更大的利润，这些都是保险精算研究领域的前沿课题。例如，Gerber（1969）详细分析了 Cramér - Lundberg 经典风险模型并证明了其最优分红策略是一种屏障（barrier）分红策略。这里屏障分红策略的含义是，给定某一固定的屏障水平 $b$，当保险公司的资本盈余金超过此水平时，超出的部分全部作为红利分配给股东，而当盈余金低于此水平时不进行分红。在屏障分红策略下对各种风险模型的研究有很多，相关的文献可参阅 Lin 等（2003），Gerber 和 Shiu（2004），Li（2006），Gerber 等（2006），Renaud 和 Zhou（2007），Avanzi 和 Gerber（2008），Loeffen（2008），Yin 和 Wang（2009），Loeffen 和 Renaud（2010），Yuen 和 Yin（2011），Cheung 等（2015），Wang 和 Zhou（2018），Sendova 等（2018），等等。

虽然屏障策略在很多研究中被证明是最优的，然而，如果采用这种分红策略，则公司的最终破产概率为 1（Gerber 和 Shiu，2006）。因此，Jeanblanc -Picqué 和 Shiryaev（1995）以及 Asmussen 和 Taksar（1997）提出一种具有有限分红率的替代策略，称为阈值（threshold）分红策略。根据这种策略，每当公司的资本盈余金过程（指分红之后）高于固定的阈值水平 $b$ 时，便以某固定比率 $\alpha$ 支付红利，而当资本盈余低于此阈值时不支付任何红利。有关阈值分红策略的更多研究，可参阅 Lin 和 Pavlova（2006），Albrecher 等（2007），Wan（2007），Gao 和 Yin（2008），Ng（2009），Wei 等（2011），Shi 等（2013），Zhou 等（2015），Peng 等（2019）以及 Liu 等（2020），等等。需要注意到一点，对于阈值分红策略来说，一旦公司的盈余金从高于阈值水平 $b$ 下降到低于此水平时，遵循此策略的分红率会从某个正值 $\alpha$ 降低到 0。然而，在实践中，有些公司股东不愿意接受分红率下降的情况，因为分红率的降低可能不符合股东的心理预期，也可能对公司的长期价值产生负面的影响。考虑到这些因素，Albrecher 等（2018）引入了一种被称为棘轮（ratchet）策略的分红策略，该策略的分红率将不会随着时间的推移而降低（但可能会增加），一旦风险过程达到某个 $b$ 时，分红率就会一直保持在较高的水平上，直到破产为止。棘轮策略代表了带约束限制的分红策略（除阈值分红策略外）的另一子类，由于其具有分红率非减的特征，因此更容易被很多投资者接受。关于棘轮策略的相关研究可参阅 Albrecher 等（2018），Albrecher 等（2019），Angoshtari 等（2019），Zhang 和 Liu（2020）等。

近年来，根据现实中存在定期支付红利的情况，Albrecher 等（2011）基于 Cramér - Lundberg 模型首次引入了定期（periodic）分红策略的概念。此种分红策略只允许在某些固定时间点（满足某些条件的离散时间点）才分配红利，即如果在那些时间点观察到的资本盈余大于给定水平 $b$，超出部分作为一次性红利全部支付给股东，否则不支付任何红利。有关此策略的更多研究可参阅 Albrecher 等（2011），Albrecher 等（2013），Avanzi 等（2013），Avanzi 等（2014），Liu 和 Chen（2014），Zhang 和 Liu（2017），Noba 等（2018），Cheung 和 Zhang（2019）以及 Dong 等（2019），等等。

还有一类出现在带交易费的脉冲控制问题中常用到的分红策略，它与库存控制模型中出现的 $(s, S)$ 策略相似，我们称之为脉冲（impulse）分红策略。此策略包括两个参数 $c_1$ 和 $c_2$（其中 $0 \leqslant c_1 < c_2$），每当公司的盈余金高于特定水平 $c_2$ 时，都会有一定的红利支付给股东，且会使盈余金降低到另一个水平 $c_1$，而当盈余金低于 $c_2$ 时不支付任何红利。值得一提的是，上面介绍的屏障分红策略可以（至少直观地）视为脉冲 $(c_1, c_2)$ 策略在 $c_1 \uparrow c_2$ 时的极限策略。当目标模型是带漂移的布朗（Brown）运动时，Jeanblanc‐Picqué 和 Shiryaev（1995）证明了脉冲 $(c_1, c_2)$ 策略的最优性。Loeffen（2009）研究了谱负 Lévy 过程的脉冲分红问题，并证明了当 Lévy 测度具有对数凸密度时的脉冲 $(c_1, c_2)$ 策略的最优性。有关脉冲控制策略的更多研究可参阅 Paulsen（2007），Alvarez 和 Rakkolainen（2009）等。

以上介绍的都是单一分红策略，除此之外，有些公司在选择分红策略时，可能会选择连续支付红利（阈值分红策略）或一次性在某些离散时间点进行支付红利（定期分红策略）的两种策略的组合版本，我们称这种组合版本的分红策略为混合（mixed）分红策略，本书第二章即研究了带向上跳的扰动风险模型在混合分红策略下的分红与破产问题。关于混合分红策略的研究文献可参阅 Zhang 和 Han（2017），Liu 等（2020），等等。由于本书主要研究几类带跳保险风险模型中的分红及其相关问题，其主要结果是通过 Lévy 过程的尺度函数进行刻画的，因此，在阐述本书主要研究内容之前，我们先来回顾与 Lévy 过程相关的概念以及一些预备知识。

# 第二节 Lévy 过程

在保险精算数学中，常见的保险风险模型包括 Cramér – Lundberg 模型、对偶风险模型、带扰动风险模型以及由 Lévy 过程驱动的保险风险模型等。风险理论的基本模型是由 Cramér（1930）以及 Lundberg（1903），Lundberg（1909）提出的 Cramér – Lundberg 经典风险模型，它是用一个具有时间齐次性和独立增量性的复合泊松（Poisson）过程来模拟的。有关经典风险模型的研究文献可参阅 Bühlmann（1970），Boikov（2003），Scheer 和 Schmidli（2011），Kasozi 等（2011），等等。

考虑到保险公司在经营过程中可能会受到各种随机不确定性因素的影响，Dufresne 和 Gerber（1991）在 Cramér – Lundberg 模型中加入扰动项，并讨论了在没有红利情况下公司破产的可能性。此后，有关带扩散扰动风险模型的研究也成为精算数学中的热门话题，相关文献可参阅 Wang 和 Wu（2000），Wang（2001），Wan（2007），Gao 和 Yang（2014），Peng 等（2019），等等。近年来，Avanzi 等（2007）与 Ng（2009）分别研究了对偶风险模型（具有向上正跳的随机过程）在屏障分红策略与阈值分红策略下的最优分红问题，很多学者也都对目标模型为对偶风险模型下的各种问题进行了研究，相关文献可参阅 Avanzi 等（2011），Avanzi 等（2014），Pérez 和 Yamazaki（2017），Avanzi 等（2018），Liu 等（2020），等等。

此外，保险风险模型还可以用一般 Lévy 随机过程进行刻画，此类过程是具有平稳和独立增量性的一般随机过程的子类。下面，我们先回顾 Lévy 过程的定义以及一些预备知识，相关内容可参阅 Kuznetsov 等（2012），Kyprianou

（2014）等。

**定义 1-1** （Lévy 过程）定义在概率空间 $(\Omega, \mathscr{F}, P)$ 上的随机过程 $X = \{X(t)\} t \geq 0$ 称之为 Lévy 过程，如果它满足下面四条性质：

（1）$X(t)$ 的轨道以概率 1 右连左极。

（2）$\mathbb{P}[X(0) = 0] = 1$。

（3）对任意的 $0 \leq s \leq t$，$X(t) - X(s)$ 与 $X(t-s)$ 同分布。

（4）对任意的 $0 \leq s \leq t$，$X(t) - X(s)$ 与 $\{X(u) : u \leq s\}$ 相互独立。

**注 1-1** 在本书中，如无特别说明，我们用 $\mathbb{P}_x$ 表示初始取值为 $x$ 时的概率测度，当初值 $x = 0$ 时，用 $\mathbb{P}$ 表示 $\mathbb{P}_0$。类似地，我们用 $\mathbb{E}_x$ 表示概率测度 $\mathbb{P}_x$ 下的期望，当初值 $x = 0$ 时，用 $\mathbb{E}$ 表示 $\mathbb{E}_0$。

**定理 1-1** （Lévy - Khintchine 公式）设 $X = \{X(t)\} t \geq 0$ 是 $(\Omega, \mathcal{F}, \mathbf{F} = \{\mathcal{F}_t; t \geq 0\}, \mathbb{P})$ 上的 Lévy 过程，那么对任意 $\theta \in \mathbb{R}$，$X(t)$ 的特征函数为

$$\mathbb{E}(e^{i\theta X(t)}) = e^{-t\Psi(\theta)}, \tag{1-1}$$

$$\Psi(\theta) = ic\theta + \frac{1}{2}\sigma^2\theta^2 + \int_{\mathbb{R}}(1 - e^{i\theta x} + i\theta x 1_{(|x|<1)})\pi(dx), \tag{1-2}$$

这里，$c \in \mathbb{R}$、$\sigma \in \mathbb{R}$ 为常数，$\pi$ 是在 $\mathbb{R} \setminus \{0\}$ 上满足 $\int_R (1 \wedge |x|)\pi(dx) < \infty$ 的一个测度，通常将 $\pi$ 称之为 Lévy 测度），将 $(c, \sigma, \pi)$ 称之为 Lévy 过程的特征三元组，将 $\Psi(\theta)$ 称之为特征指数。

**注 1-2** 类似地，可定义 Lévy 过程 $X = \{X(t)\} t \geq 0$ 的 Laplace 指数

$$\psi(\theta) = \frac{1}{t}\log \mathbb{E}(e^{\theta X(t)}), \tag{1-3}$$

那么，$X$ 的特征指数与 Laplace 指数满足关系式：$\psi(\theta) = -\Psi(-i\theta)$。

**注 1-3** 在研究 Lévy 过程时，可根据跳的方向将其分为两类：

（Ⅰ）谱负 Lévy 过程：如果 $X(t)$ 是没有正跳的实值 Lévy 过程；

（Ⅱ）谱正 Lévy 过程：如果 $X(t)$ 是没有负跳的实值 Lévy 过程。

为了使读者对 Lévy 过程有更深入的理解，下面我们来给出一些具体的 Lévy 过程的示例（Kyprianou，2014），这些例子可以帮助我们更好地理解 Lévy 过程，并在后面的章节中帮助验证一些重要结果。

**例 1 - 1**　Poisson 过程

设 $X$ 服从泊松分布，对于给定参数 $\lambda > 0$，其分布律为 $P(X = k) = \mathrm{e}^{-\lambda}\lambda^k/k!$，$k = 0$，1，2，$\cdots$，$n$。易知，

$$\sum_{k \geq 0} \mathrm{e}^{i\theta k} P(X = k) = \mathrm{e}^{-\lambda(1 - \mathrm{e}^{i\theta})} = \left[ \mathrm{e}^{-\frac{\lambda}{n}(1 - \mathrm{e}^{i\theta})} \right]^n, \tag{1-4}$$

右侧是 $n$ 个独立泊松变量之和的特征函数，每个变量具有参数 $\lambda/n$。在其对应的 Lévy - Khintchine 分解中，可以看到 $a = \sigma = 0$ 并且 $\prod = \lambda\delta_1$，其中 $\delta_1$ 是支撑在 1 上的 Dirac 测度。

根据所学知识可知，泊松过程 $\{N_t: t \geq 0\}$ 是一个 Lévy 过程，对于每一个 $t > 0$，$N_t$ 都是具有参数 $\lambda_t$ 的泊松分布。利用式(1-4)，我们有

$$E(\mathrm{e}^{i\theta N_t}) = \mathrm{e}^{-\lambda t(1 - \mathrm{e}^{i\theta})},$$

因此，对于 $\theta \in R$，其特征指数由 $\Psi(\theta) = \lambda(1 - \mathrm{e}^{i\theta})$ 给出。

**例 1 - 2**　复合 Poisson 过程

假设 $N$ 是参数 $\lambda > 0$ 的泊松随机变量，并且 $\{\xi_i: i \geq 1\}$ 是独立同分布的随机变量序列(与 $N$ 相互独立)，且具有相同的分布 $F$(在零点无原子)。对 $N$ 取条件，可得对 $\theta \in R$，

$$\mathbb{E}(\mathrm{e}^{i\theta\sum_{i=1}^{N}\xi_i}) = \sum_{n \geq 0} \mathbb{E}(\mathrm{e}^{i\theta\sum_{i=1}^{n}\xi_i})\mathrm{e}^{-\lambda}\frac{\lambda^n}{n!} = \sum_{n \geq 0}\left[\int_R \mathrm{e}^{i\theta x}F(\mathrm{d}x)\right]^n \mathrm{e}^{-\lambda}\frac{\lambda^n}{n!} = \mathrm{e}^{-\lambda\int_R(1 - \mathrm{e}^{i\theta x})F(\mathrm{d}x)},$$

$$\tag{1-5}$$

从式（1-5）可以看出，变量 $\sum_{i=1}^{N}\xi_i$ 具有无穷可分分布，其对应的三元组为

$$a = -\lambda\int_{0 < |x| < 1} xF(\mathrm{d}x), \sigma = 0, \text{且对} x = 0 \text{有} \pi(\mathrm{d}x) = \lambda F(\mathrm{d}x)\text{。易知其特例是}$$

泊松分布。

现在假设 $\{N_t:\ t \geqslant 0\}$ 是强度为 $\lambda > 0$ 的泊松过程，并考虑由下式定义的复合泊松过程 $\{X_t:\ t \geqslant 0\}$，

$$X_t = \sum_{i=1}^{N_t} \xi_i,$$

利用 $N$ 具有平稳独立增量性，以及随机变量 $\{\xi_i:\ i \geqslant 1\}$ 的相互独立性，对于 $0 \leqslant s < t < \infty$，记

$$X_t = X_s + \sum_{i=N_s+1}^{N_t} \xi_i,$$

可知 $X_t$ 是 $X_s$ 和 $X_{t-s}$ 的独立版本之和。过程 $\{N_t:\ t \geqslant 0\}$ 的右连续性和左极限存在性确保了 $X$ 的右连续性和左极限存在性。总之，复合 Poisson 过程是一个 Lévy 过程。根据上一段中的计算，对于每个 $t \geqslant 0$，我们可以用 $N_t$ 代替变量 $N_1$，由此得到复合 Poisson 过程的 Lévy – Khintchine 公式的形式为 $\psi(\theta) = \lambda \int_{R} (1 - e^{i\theta x}) F(\mathrm{d}x)$。特别要注意的是，复合 Poisson 过程的 Lévy 测度始终是有限的，总质量等于底过程 $N$ 的强度 $\lambda$。

值得一提的是，复合 Poisson 过程提供了 Lévy 过程与随机游动之间的直接联系。注意到随机游动是形式为 $S = \{S_n:\ n \geqslant 0\}$ 的离散时间过程，其中，$S_0 = 0$ 且当 $n \geqslant 1$ 时 $S_n = \sum_{i=1}^{n} \xi_i$，这也说明了复合的 Poisson 过程是一个随机游动，其"跳"的间隔时间是相互独立的，且具有相同的指数分布。

**例 1 – 3** 线性 Brown 运动

设取值在 $\mathbb{R}$ 上的随机变量 $X$ 的概率密度为

$$f(x) = \frac{1}{\sqrt{2\pi s^2}} e^{-(x-\gamma)^2/2s^2} \mathrm{d}x,$$

其中，$\gamma \in \mathbb{R}$ 且 $s > 0$。众所周知，$X$ 是均值为 $\gamma$ 且方差为 $s^2$ 的高斯（Gauss）分布。经计算可得，

$$\int_R e^{i\theta x} f(\mathrm{d}x) = e^{-\frac{1}{2}s^2\theta^2 + i\theta\gamma} = \left[ e^{-\frac{1}{2}\left(\frac{s}{\sqrt{n}}\right)^2\theta^2 + i\theta\frac{\gamma}{n}} \right]^n,$$

此结果表明，它是一个无穷可分分布，其三元组为 $a = -\gamma$，$\sigma = s$ 且 $\pi = 0$。我们把特征指数为 $\psi(\theta) = s^2\theta^2/2 - i\theta\gamma$ 的过程称之为带线性漂移的比例布朗运动，即，

$$X_t : = sB_t + \gamma t, \quad t \geqslant 0,$$

其中，$B = \{B_t : t \geqslant 0\}$ 是标准布朗运动。

例 1 - 4　Gamma 过程

给定 $\alpha > 0$，$\beta > 0$，那么当 $x > 0$ 时，具有参数 $\alpha$，$\beta$ 的伽马（Gamma）分布的概率密度为

$$\mu_{\alpha,\beta}(\mathrm{d}x) = \frac{\alpha^\beta}{\Gamma(\beta)} x^{\beta-1} e^{-\alpha x} \mathrm{d}x,$$

注意到当 $\beta = 1$ 时，此分布是指数分布，于是有

$$\int_0^\infty e^{i\theta x} \mu_{\alpha,\beta}(\mathrm{d}x) = \frac{1}{(1 - i\theta/\alpha)^\beta} = \left[ \frac{1}{(1 - i\theta/\alpha)^{\beta/n}} \right]^n,$$

由此可得 Gamma 分布的无穷可分性。对于其 Lévy - Khintchine 分解，易知 $\sigma = 0$，在 $(0, \infty)$ 上 $\pi(\mathrm{d}x) = \beta x^{-1} e^{-\alpha x} \mathrm{d}x$，且 $\alpha = -\int_0^1 x \prod(\mathrm{d}x)$。值得注意的一点是，上述三元组的建立并非显而易见的，其详细推导过程可参阅 Kyprianou（2014）。

例 1 - 5　Gauss 逆过程

像通常一样，假设 $B = \{B_t : t \geqslant 0\}$ 是标准的布朗运动。定义首次通过时间

$$\tau_s = \inf\{t > 0: B_t + b_t > s\}, \tag{1 - 6}$$

其表示带线性漂移（漂移率 $b > 0$）的布朗运动首次上穿水平 $s$ 对应的时间。注意到，$\tau_s$ 是布朗运动的停止时间，并且由于布朗运动具有连续的路径，因此 $B_{\tau_s} + b_{\tau_s} = s$ 几乎必然成立。再由强马尔可夫特性可知 $\{B_{\tau_s + t} + b(\tau_s + t) - s : t \geqslant$

$0\}$ 与 $\{B_t + b_t\colon t \geqslant 0\}$ 同分布，因此，对所有的 $0 \leqslant s < t$，必有 $\tau_t = \tau_s + \tilde{\tau}_{t-s}$，其中 $\tilde{\tau}_{t-s}$ 是 $\tau_{t-s}$ 的独立副本。这表明过程 $\tau = \{\tau_t\colon t \geqslant 0\}$ 具有固定的独立增量。$\{B_t + b_t\colon t \geqslant 0\}$ 的路径连续性可确保 $\tau$ 具有右连续路径。此外，很明显，$\tau$ 几乎必然具有非递减的路径，这保证了样本路径的左极限存在，并且是隶属子的另一个示例。根据其定义，$\tau$ 为首次通过时间的序列，那么它也几乎必然是 $\{B_t + b_t\colon t \geqslant 0\}$ 的图的右逆，这也即是高斯逆过程名称的由来。

根据 Kyprianou（2014）的结论，可以看到，对于每个固定 $s > 0$，随机变量 $\tau_s$ 是无穷可分的；且对所有的 $\theta \in R$，其特征指数具有的形式为

$$\psi_s(\theta) = s(\sqrt{2i\theta + b^2} - b),$$

这里 $\psi_s$ 对应的三元组为 $a = -2sb^{-1}\int_0^b (2\pi)^{-\frac{1}{2}} e^{-\frac{y^2}{2}}\mathrm{d}y$，$\sigma = 0$，且在 $(0, \infty)$ 上有

$$\prod(\mathrm{d}x) = s\frac{1}{\sqrt{2\pi x^3}}e^{-\frac{d^2x}{2}}\mathrm{d}x,$$

其中，对于 $x > 0$，$\tau_s$ 的分布，可通过 $\mu_s(\mathrm{d}x) = \dfrac{s}{\sqrt{2\pi x^3}}e^{sb}e^{-\frac{1}{2}(s^2x^{-1} + b^2x)}\mathrm{d}x$ 进行精确计算。

**例 1-6** 稳定过程

稳定过程由 Lévy（1924，1925）引入，其被视作高斯分布与泊松分布之后的具有无穷可分分布的最重要例子之一。稳定分布的定义是，如果对于所有 $n \geqslant 1$，某随机变量 $X$ 观察到分布可写成

$$X_1 + \cdots + X_2 \stackrel{\mathrm{d}}{=} a_n X + b_n, \tag{1-7}$$

其中 $a_n > 0$，$b_n \in \mathbb{R}$，$X_1$，$\cdots$，$X_n$ 是 $X$ 的独立版本；则称 $X$ 具有稳定分布。

通过从式（1-7）左侧的每项中减去 $b_n/n$，然后除以常数 $a_n$，则可以看到，该定义意味着任何稳定的随机变量都是无穷可分的。此结果还表明，对于 $\alpha \in (0, 2]$，有 $a_n = n^{1/\alpha}$；请参阅 Feller（1971），在这种情况下，我们将参数

$\alpha$ 称为稳定性指数。

还有一类分布称为严格稳定分布，如果对随机变量 $X$ 满足式（1-7）且 $b_n = 0$，则说它具有严格稳定的分布。在此情形下，必有

$$X_1 + \cdots + X_n \overset{\mathrm{d}}{=} n^{1/\alpha} X.$$

注意到当 $\alpha = 2$ 时的情形对应于均值为 0 的高斯随机变量，其在上面例 1-3 中已经做了讨论，因此，在本例下面的讨论中，我们将这种情形排除在外。

当 $\alpha \in (0, 1) \cup (1, 2)$ 时，式（1-7）中的稳定随机变量具有以下的特征指数形式：

$$\Psi(\theta) = c \mid \theta \mid^{\alpha} \left( 1 - i\beta\tan\frac{\pi}{2}\frac{\alpha}{2}\mathrm{sgn}\theta \right) + i\theta\eta,$$

其中，$\beta \in [-1 1]$，$\eta \in \mathbb{R}$ 且 $c > 0$。当 $\alpha = 1$ 时，式（1-7）中的稳定随机变量具有以下的特征指数形式：

$$\Psi(\theta) = c \mid \theta \mid \left( 1 + i\beta\frac{2}{\pi}\mathrm{sgn}\theta\log \mid \theta \mid \right) + i\theta\eta,$$

其中，$\beta \in [-1 1]$，$\eta \in \mathbb{R}$ 且 $c > 0$。这里的 $\mathrm{sgn}(\theta)$ 表示符号函数，即 $\mathrm{sgn}(\theta) = 1_{(\theta > 0)} - 1_{(\theta < 0)}$。为了与 Lévy – Khintchine 公式建立联系，需要 $\sigma = 0$，且

$$\pi(\mathrm{d}x) = \begin{cases} c_1 x^{-1-\alpha}\mathrm{d}x, & x \in (0, +\infty) \\ c_1 \mid x \mid^{-1-\alpha}\mathrm{d}x, & x \in (-\infty, 0) \end{cases},$$

其中，当 $\alpha \in (0, 1) \cup (1, 2)$ 时，有 $c = -(c_1 + c_2)\Gamma(-\partial)\cos(\pi \partial/2)$，$c_1$、$c_2 \geq 0$，$\beta = (c_1 - c_2)/(c_1 + c_2)$；而当 $\alpha = 1$ 时，有 $c_1 = c_2$。那么，在 Lévy – Khintchine 公式中对 $a \in \mathbb{R}$ 的选择是隐式的。Kyprianou（2014）中给出了如何通过正确选择 $a$（取决于 $\alpha$），并由此建立 $\pi$ 与 $\Psi$ 之间的联系。需要说明一点，与前面的示例不同的是，在这些特征指数后面的分布是重尾的，即它们的分布的尾部衰减足够慢，直至为零，因此它们的矩严格小于参数 $\alpha$。参数 $\beta$ 的值反映了 Lévy 测度的不对称性，同样也表示分布不对称性。稳定过程的密度以会

聚幂级数的形式清晰呈现。参阅 Zolotarev（1986），Sato（1999），Samorodni-tsky 和 Taqqu（1994）可进一步了解相关知识。

**例 1 - 7** 其他 Lévy 过程

有许多更广为人知的例子，它们都具有无穷可分分布（因此也是 Lévy 过程）。在已知的特定分布具有无穷可分性的许多证明中，大多数证明都是不重要的，通常需要对其特定的性质有深入的了解。此类分布主要包括：广义逆高斯分布，参阅 Good（1953）和 Jørgensen（1982）；截短的稳定分布，参阅 Tweedie（1984），Hougaard（1986），Koponen（1995），Boyarchenko 和 Leven-dorskii（2002a，2002b），Carr 等（2003）；广义双曲分布，参阅 Halgreen（1979），Bingham 和 Kiesel（2004），Eber - lein（2001），Nielsen 和 Shephard（2001）等；Meixner 分布，参阅 Schoutens 和 Teugels（1998），Schoutens 和 Teugels（2003），Schoutens 和 Teugels（2009）；Pareto 分布，参阅 Thorin（1977）；F - 分布，参阅 Ismail（1977），Is - mail 和 Kelker（1979）；Gumbel 分布，参阅 Steutel（1973）；Weibull 分布，参阅 Steutel（1970）；对数正态分布，参阅 Thorin（1977b）；学生 $t$ 分布，参阅 Gross - wald（1976）和 Ismail（1977）；稳定 Lamperti 分布，参阅 Caballero（2010），Ca - ballero（2011）；$\beta$ 分布，参阅 Kuznetsov（2010a），Kuznetsov（2010b），Kuznetsov（2011）。尽管能够识别大量无穷可分分布，并因此识别出与它们相关的 Lévy 过程，但目前尚不清楚 Lévy 过程的路径是什么样的，因此，就需要对其数学含义进行精确的解释。

由 Lévy 过程的定义可以证明，两个（实际上可以是有限数量的）独立的 Lévy 过程线性组合仍是 Lévy 过程。事实上，我们可以将任何一个 Lévy 过程看作是线性布朗运动以及可数个具有不同跳跃率、跳跃分布和漂移值的独立复合 Poisson 过程的独立和。重叠的发生方式使所产生的路径始终几乎必然是有限的。此外，对于每个 $\epsilon > 0$，在所有固定的时间间隔内，该过程最多经历无数

个数量级为 $\in$ 或更少的无数次跳跃，并且几乎必然有个数量级大于 $\in$ 的跳跃。在此描述中，在每个固定时间间隔内几乎必然有有限数量的跳跃的必要和充分条件是，Lévy 过程是线性布朗运动与独立复合 Poisson 过程的线性组合。根据跳跃的基本结构和所描述的线性组合中布朗运动的存在性，Lévy 过程将具有在所有有限时间间隔上有界变化的路径或在所有有限时间间隔上无界变化的路径。通过计算机进行模拟，可以了解 Lévy 过程的路径的展示图形，参阅 Kyprianou（2014）第一章，Sato（1999）第一章，等等。在本书的第二、第三部分，我们将针对不同的由 Lévy 过程驱动的保险风险模型，来刻画相关结果的变化规律。

## 第三节 尺度函数

将谱负 Lévy 过程 $X(t)$ 的上穿时间与下穿时间分别定义为

$$\tau_a^+ := \inf\{t > 0 : X(t) > a\}; \quad \tau_b^- := \inf\{t > 0 : X(t) < b\}. \tag{1-8}$$

下一定理利用 $X(t)$ 的尺度函数，给出其单一以及两边出口问题的重要结果。

**定理 1-2** 对每一 $q \geq 0$，都存在函数族 $W^{(q)} : \mathbb{R} \to [0, \infty)$（Kyprianou，2014）以及

$$Z^{(q)}(x) := 1 + q \int_0^x W^{(q)}(y) \, \mathrm{d}y, \quad x \in \mathbb{R},$$

使得下面结果成立：

对任意 $q \geq 0$，当 $x < 0$ 时，$W^{(q)} = 0$，当 $x \geq 0$ 时 $W^{(q)}$ 是严格递增且连续的函数，并且具有 Laplace 变换为

$$\int_0^{\infty} e^{-\theta x} W^{(q)}(x) dx = \frac{1}{\psi(\theta) - q}, \theta > \Phi(q). \tag{1-9}$$

对任意 $x \in \mathbb{R}$ 以及 $q \geqslant 0$,

$$\mathbb{E}_x(e^{-q\tau_0^-} 1_{(q\tau_0^- < \infty)}) = Z^{(q)}(x) - \frac{q}{\Phi(q)} W^{(q)}(x), \tag{1-10}$$

当 $q = 0$ 时, 可看作上式在极限意义下的结果, 即

$$\mathbb{P}_x(\tau_0^- < \infty) = \begin{cases} 1 - \psi'(0+) W^{(0)}(x) & \psi'(0+) \geqslant 0 \\ 1 & \psi'(0+) < 0. \end{cases} \tag{1-11}$$

对任意 $x \in R$ 以及 $q \geqslant 0$,

$$\mathbb{E}_x \left[ e^{-q\tau_a^+} 1_{(\tau_a^+ < \tau_0^-)} \right] = \frac{W^{(q)}(x)}{W^{(q)}(a)}, \tag{1-12}$$

$$\mathbb{E}_x \left[ e^{-q\tau_0^-} 1_{(\tau_a^+ < \tau_0^-)} \right] = Z^{(q)}(x) - Z^{(q)}(a) \frac{W^{(q)}(x)}{W^{(q)}(a)}, \tag{1-13}$$

其中, $\psi(\theta)$ 是 $X(t)$ 的 Laplace 指数, $\Phi(q)$ 是使方程 $\psi(\theta) = q$ 成立的最大根, 即

$$\Phi(q) = \sup\{\theta \geqslant 0 : \psi(\theta) = q\}.$$

**注 1 - 4** 为与现有文献保持一致, 在本书中, 我们将定理 1 - 2 中的函数 $W^{(q)}$ 与 $Z^{(q)}$ 称之为 Lévy 过程的 q 尺度函数 (q - scalefunction)。由此结论可知, 对任意 $q \geqslant 0$, 当 $x < 0$ 时, $W^{(q)} = 0$; 当 $x \geqslant 0$ 时, $W^{(q)}$ 是严格递增且连续的函数。特别地, 当 $X(t)$ 的 Lévy 测度相对于 Lebesgue 测度是绝对连续时, 或者 $X(t)$ 的样本轨道具有无界变差时, $W^{(q)}(x)$ 是可微的 (Chan 等, 2011; Kyprianou, 2014)。

在下面两个例子中, 我们给出了两种带向下跳的保险风险模型对应的尺度函数。

**例 1 - 8** 考虑 $X(t)$ 是 Cramér - Lundberg 经典风险模型的情形, 即

$$X(t) = x + ct - \sum_{i=1}^{N(t)} C_i,$$

这里，$x$ 表示初始本金，$c>0$ 表示单位时间内收到的保费，$C_i(i=1,2,\cdots)$ 是一组表示索赔大小的随机变量，其服从参数为 $\mu$ 的指数分布，索赔次数 $N=\{N(t),t\geq 0\}$ 是强度为 $\lambda$ 且与索赔额独立的 Poisson 过程。根据 Kyprianou (2014) 第八章的知识可知，$X(t)$ 对应的尺度函数 $W^{(q)}$ 为

$$W^{(q)}(x)=\frac{1}{c}\left[A_+(q)e^{r^+(q)x}-A_-(q)e^{r^-(q)x}\right],\qquad (1-14)$$

其中，$A_\pm(q)=\dfrac{\mu+r^\pm(q)}{r^+(q)-r^-(q)}$，且

$$r^\pm(q)=\frac{q+\lambda-\mu c\pm\sqrt{(q+\lambda-\mu c)^2+4cq\mu}}{2c}.\qquad (1-15)$$

**例 1 – 9** 考虑 $X_t$ 是跳扩散保险风险模型的情形，即

$$X(t)=x+ct+\sigma W(t)-\sum_{i=1}^{N(t)}C_i,$$

其中，$x$ 表示初始本金，$c>0$ 表示单位时间内收到的保费，$W(t)$ 是标准 Brown 运动，$\sigma>0$ 表示扩散系数，$C_i(i=1,2,\cdots)$ 是一组相互独立且都服从 Erlang $(2,\alpha)$ 分布的随机变量，$\{N(t),t\geq 0\}$ 是强度为 $\lambda$ 且与 $C_i$ 独立的 Poisson 过程。利用 Laplace 逆变换（Loeffen, 2008），$X(t)$ 的尺度函数为

$$W^{(q)}(x)=\sum_{j=1}^4 d_j(q)e^{\theta_j(q)x},\ x\geq 0,\qquad (1-16)$$

其中，

$$d_j(q)=\frac{[\alpha+\theta_j(q)]^2}{\frac{1}{2}\sigma^2\prod_{i=1,i\neq j}^4[\theta_j(q)-\theta_i(q)]},\qquad (1-17)$$

这里的 $\theta_j(q)(j=1,\cdots,4)$ 是下面多项式的（不同的）实根，如下：

$$[\psi(\theta)-q](\alpha+\theta)^2$$

$$=\left[c\theta-\lambda+\frac{\lambda\alpha^2}{(\alpha+\theta)^2}+0.5\sigma^2\theta^2-q\right](\alpha+\theta)^2$$

$$=0.5\sigma^2\theta^4+(\alpha\sigma^2+c)\theta^3+(0.5\sigma^2\alpha^2-\lambda-q+2c\alpha)\theta^2+[c\alpha^2-2(\lambda+q)\alpha]\theta-q\alpha^2.$$

# 第二章　本书的内容与安排

本书在已有文献的基础上，分析对偶保险风险模型以及几类带跳的保险风险模型的分红与破产等相关问题（如破产时刻的 Laplace 变换，最优分红水平等），本书分析的结果主要是通过 Lévy 过程的尺度函数进行刻画的。值得一提的是，本书通过使用 Laplace 逆变换以及 Lévy 过程的尺度函数这两个工具，可以给出目标函数的一般表达式。具体地，本书后面的内容分为以下三个部分。

第二部分研究了对偶保险风险模型的分红与破产问题，包括第三章与第四章。第三章研究了带干扰（布朗运动）的对偶保险风险模型，其红利按照阈值策略支付给股东，此模型可以用来模拟证券公司的盈余过程（经营收入）。利用无穷小分析法，求出了公司在破产前总分红现值期望函数（分红函数）满足的微积分方程组，导出了与该微积分方程组等价的更新方程组；并在指数分布收入情形下，给出了分红函数在特例下的一般解；同时，对破产问题的求解过程进行了讨论。第四章研究了一类受扩散扰动影响的对偶风险模型，其红利按照混合分红策略从盈余过程中进行支付。推导了直到破产为止支付给股东的总红利期望现值，以及破产时间的 Laplace 变换所满足的积分微分方程，并通过尺度函数表示出这两个变量的一般表达式。在本章的最后，提供一些数值和图形示例来展示两个目标函数在不同初始资本以及不同阈值水平下的变化趋势。

第三部分对由 Lévy 过程驱动的保险风险模型的分红与破产问题进行了分

析，包括第五章与第六章。第五章研究了由谱负 Lévy 过程驱动的保险风险模型，其红利按照屏障分红策略从盈余过程中进行支付，且模型运行的终止时间并不是一般的破产时间，而是由回撤函数决定的回撤时间。针对此模型，利用尺度函数推导了直到回撤时间之前的总红利期望现值的 $k$ 阶矩的一般表达式；同时还获得了总红利期望现值的 Laplace 变换的一般表达式。最后，通过数值示例来说明不同屏障水平以及不同回撤函数对总红利期望现值的影响。第六章研究了谱负 Lévy 风险过程的 De Finetti 分红问题，其红利按照棘轮分红策略（Albrecher et al.，2018）的从盈余过程中进行支付。该策略的显著特点是股息率永远不会降低。与常规的关注经典破产时间问题有所不同，本章推导了棘轮策略下直至回撤时间之前的总红利期望现值的表达式。同时，还给出其对应的最优棘轮边界满足的条件。最后，利用两个特殊例子，即带漂移的 Brown 运动和复合 Poisson 风险模型，来阐述主要结果的数值解。

第四部分包括第七章、第八章和第九章。第七章总结了本书的主要研究内容与研究方法。第八章呈现了更多有关尺度函数的性质与应用，其对进一步研究带跳保险风险模型的相关结果有着极为重要的作用。第九章在本书研究内容基础上对可能进行的下一步研究工作进行了展望。

# 第二部分　对偶模型的分红与破产问题

# 第三章　带扩散扰动的对偶风险模型的分红与破产问题

本章主要研究带干扰（布朗运动）的对偶风险模型，此模型可以用来模拟诸如金融证券类公司、探索发现类公司的盈余过程（其经营过程具有连续消费支出以及随机获取收入的特点）。利用无穷小分析法，可以得到公司在破产前总分红现值期望函数（分红函数）满足的微积分方程组；进一步地，可推导与该微积分方程组等价的更新方程组。同时，在指数分布收入情形下，给出了分红函数在特例下的一般解。在最后的总结中，我们指出对本章分红问题的分析过程可以类似推广到对破产概率的刻画上，同时，也可以将类似的方法用于分析破产时刻的 Laplace 变换等，参阅 Wan（2007）。

## 第一节　引言

分红指将公司的部分所得作为红利分发给公司所有者或股份参与者。分红问题的提出可以追溯到 De Finetti（1957）在纽约第 15 届国际精算师代表大会上发表的一篇文章。在这篇文章中，为了使问题便于研究，他假定股份制公司每年的收入是一个独立随机变量，由此提出了两个问题：什么时候把红利分配给股东，分配多少红利给股东，才能使公司在可能的破产之前回报给股东的红利期望最大。对这两个问题的回答便引出了风险理论最前沿也是最流行的分支：分红策略。现在比较公认的好策略有两种，一种是带分红壁（barrier）的分红策略，另一种是阈值（threshold）分红策略，它们已经被证明在相应的限制下是最优的。另外，近来一种被称为多门槛的分红策略也被引入风险模型中，并且引起了热门的讨论。伴随模型的发展和丰富，各种各样的理论、方法和函数被引入不同风险模型下的分红策略的研究中。例如，更新方程理论、鞅方法等都是分红理论及其相关领域中比较常用的。Gerber 和 Shiu（1998）在古典模型中引入 Gerber – Shiu 期望折现罚金函数，使得在精算中最重要的三个变量：破产时间、破产时赤字与破产前瞬时盈余完美地统一在一起，之后由 Tsai 和 Willmot（2003）发展到带干扰的模型中。

De Finetti（1957）研究的是离散时间的分红问题，Bühlmann（1970）研究了连续时间的风险模型的分红问题。Dufresne 和 Gerber（1991）引进了带扩散扰动的经典模型，并计算了它的破产概率。Gerber 和 Shiu（2006a），Gerber 和 Shiu（2006b），Gerber 等（2006）给出了此模型的期望折现罚金函数，它的 threshold 策略由 Wan（2007）给出，Yuen（2007）延伸了 Wan（2007）的结果。

在本章中，我们主要研究的是带扩散扰动的对偶风险模型［证券公司的盈余金（经营收入）可用此模型来模拟］。

$$U(t) = x - ct + S(t) + \sigma W(t), \tag{3-1}$$

其中，$U(0) = x \geq 0$ 表示公司的初始资金，$c$ 表示单位时间内的花费。$S(t) := \sum_{i=1}^{N(t)} Z_i, t \geq 0$ 表示直到时刻 $t$ 的总的收入。$\{N(t); t \geq 0\}$ 是一个参数为 $\lambda$ 的泊松过程，表示直到时刻 $t$ 的随机收入的次数。$Z_i(i = 1, 2, \cdots)$ 是一列正的独立同分布的随机变量，假定它具有分布函数 $P(z) = P(Z \leq z)$ 和概率密度 $p$

$(z)$，且与 $\{N(t); t \geqslant 0\}$ 相互独立。$\{W(t); t \geqslant 0\}$ 是标准布朗运动（扩散系数 $\sigma > 0$），表示时刻 $t$ 收入的随机波动偏差，它与总的随机收入过程 $\{S(t); t \geqslant 0\}$ 相互独立。

保险公司会把它的红利分配给股东。当 $t \geqslant 0$，$D(t)$ 表示直到时刻 $t$ 分配给股东的所有的红利值。那么，

$$X(t) = U(t) - D(t), \quad t \geqslant 0, \tag{3-2}$$

其中，$X(t)$ 表示公司在时刻 $t$ 的修正盈余金。记 $\delta > 0$ 为利率，直到破产时刻 $T_b$ 之前所有红利的折现值为

$$D_{x,b} = \int_0^{T_b} e^{-\delta t} dD(t). \tag{3-3}$$

我们假定在此模型下公司按 threshold 策略（它有两个参数 $b > 0$，$\alpha > 0$）进行分红：它在某时刻 $t$ 的修正盈余金低于临界值 $b$ 时，不分红；超过临界值 $b$ 时，并没有把超过 $b$ 的部分全部用来分红，而是以固定的分红率 $\alpha$ 进行分红。记 $I(\cdot)$ 为示性函数，那么 $D_{x,b}$ 的表达式可变为

$$D_{x,b} = \alpha \int_0^{T_b} e^{-\delta t} I[X(t) > b] dD(t). \tag{3-4}$$

当 $x \geqslant 0$，我们用 $V(x; b)$ 表示公司初始资金为 $x$，直到破产之前折现红利 $D_{x,b}$ 的期望，即

$$V(x; b) = E[D_{x,b}/U(0) = x]. \tag{3-5}$$

值得一提的是，模型（3-1）还可以用来模拟医院、大药房等经营的盈余过程。Bayraktar 和 Egami（2008）给出了此模型在指数分布下的总分红现值期望函数，Avanzi 和 Gerber（2007）给出了此模型的在 barrier 策略下的总分红现值期望函数的微积分方程。基于此，本章内容在上述研究的基础上进行了推广：利用无穷小分析法得到了在 threshold 策略下 $V(x; b)$ 的微积分方程组及更新方程组；在第二节中，我们给出了模型（3-1）在 threshold 策略下的总

分红现值期望函数 $V(x; b)$ 在两种情况下满足的微积分方程组；在第三节中，推导出了与这个微积分方程组相等价的更新方程组；第四节则给出了在特例指数分布下的一般解；第五节则给出了相关结果的图形展示。

# 第二节 扰动对偶风险模型在阈值策略下的分红

在本节中，我们通过证明将给出模型（3 - 1）在 threshold 策略下的期望折现红利函数在两种情况下满足的微积分方程。根据式（3 - 5）中的定义，我们可设

$$V(x; b) = \begin{cases} V_1(x; b), & 0 \leqslant x \leqslant b \\ V_2(x; b), & b \leqslant x < \infty \end{cases}.$$

## 一、分红函数在 $0 < x < b$ 时的微积分方程

**定理 3 - 1** 当 $0 < x < b$ 时，$V(x; b)$ 满足下面的齐次微积分方程

$$\frac{\sigma^2}{2} V''_1(x;b) - cV'_1(x;b) - (\lambda + \delta)V_1(x;b) + \lambda \int_0^{b-x} V_1(x+z;b)p(z)\mathrm{d}z +$$

$$\lambda \int_{b-x}^{+\infty} V_2(x+z;b)p(z)\mathrm{d}z = 0. \tag{3-6}$$

**证明** 设 $T_1$ 表示第一次获得一份收入的时刻，我们考察在非常短的时间间隔 $(0, \mathrm{d}t]$ 内的分红，依条件有

$$E[D_{x,b} \mid U(0) = x] = E_x[D_{x,b}] = E_x[D_{x,b}I(T_1 > \mathrm{d}t)] + E_x[D_{x,b}I(T_1 \leqslant \mathrm{d}t)],$$

上式有两项，分别记为 Ⅰ 和 Ⅱ，则有

$$\begin{aligned}
\text{I} &= E_x[D_{x,b} \cdot I(T_1 > \mathrm{d}t)] \\
&= E_x\{E_x[D_{x,b} \cdot I(T_1 > \mathrm{d}t) \mid F_{\mathrm{d}t}]\} \\
&= E_x\{I(T_1 > \mathrm{d}t) \cdot E_x[D_{x,b} \mid F_{\mathrm{d}t}]\} \\
&= E_x\{I(T_1 > \mathrm{d}t) \cdot \mathrm{e}^{-\delta \mathrm{d}t} \cdot V_1[x - c\mathrm{d}t + \sigma W(\mathrm{d}t); b]\} \\
&= \mathrm{e}^{-\delta \mathrm{d}t} \cdot E[I(T_1 > \mathrm{d}t)] \cdot E_x[V_1(x - c\mathrm{d}t + \sigma W(\mathrm{d}t); b)] \\
&= \mathrm{e}^{-\delta \mathrm{d}t} \cdot P(T_1 > \mathrm{d}t) \cdot E_x[V_1(x - c\mathrm{d}t + \sigma W(\mathrm{d}t); b)], 
\end{aligned} \tag{3-7}$$

其中，第二步到第三步利用示性函数关于 $\sigma$ 代数 $F_{\mathrm{d}t}$（表示在时间 $(0, \mathrm{d}t]$ 内包含的所有信息）可测，第三步到第四步利用一次强马氏性，再结合条件 $T_1$ 与 $W(\mathrm{d}t)$ 独立，即得到式（3 - 7）。

$$\begin{aligned}
\text{II} &= E_x[D_{x,b} \cdot I(T_1 \leqslant \mathrm{d}t)] \\
&= E_x\{E_x[D_{x,b} \cdot I(T_1 \leqslant \mathrm{d}t) \mid F_{\mathrm{d}t}, Z_1]\} \\
&= E_x\{I(T_1 \leqslant \mathrm{d}t) \cdot E[D_{x,b} \mid F_{\mathrm{d}t}, Z_1]\} \\
&= E_x[I(T_1 > \mathrm{d}t) \cdot \mathrm{e}^{-\delta \mathrm{d}t} \cdot V_1(x - c\mathrm{d}t + \sigma W(\mathrm{d}t); b)] \\
&= E_x\{I(T_1 \leqslant \mathrm{d}t)\mathrm{e}^{-\delta \mathrm{d}t}[V_1((x - c\mathrm{d}t + \sigma W(\mathrm{d}t)) + Z_1; b) \times \\
&\quad I(Z_1 \in (0, b - (x - c\mathrm{d}t + \sigma W(\mathrm{d}t)))) + \\
&\quad V_2((x - c\mathrm{d}t + \sigma W(\mathrm{d}t)) + Z_1; b) \cdot I(Z_1 \in (b - (x - c\mathrm{d}t + \sigma W(\mathrm{d}t)), \\
&\quad + \infty))]\} \\
&= \mathrm{e}^{-\delta \mathrm{d}t} P(T_1 \leqslant \mathrm{d}t) E_x[V_1((x - c\mathrm{d}t + \sigma W(\mathrm{d}t)) + Z_1; b) \cdot I(Z_1 \in (0, b - \\
&\quad (x - c\mathrm{d}t + \sigma W(\mathrm{d}t)))) + \\
&\quad V_2((x - c\mathrm{d}t + \sigma W(\mathrm{d}t)) + Z_1; b) \cdot I(Z_1 \in (b - (x - c\mathrm{d}t + \sigma W(\mathrm{d}t)), + \\
&\quad \infty)), 
\end{aligned} \tag{3-8}$$

第三步到第四步也利用一次强马氏性，$Z_1$ 表示在 $(0, \mathrm{d}t]$ 中出现一次索赔的赔付额。结合条件 $T_1$ 与 $Z_1$ 独立，$T_1$ 与 $W(\mathrm{d}t)$ 独立，即得到式（3 - 8）。

综上，结合式（3 - 7）和式（3 - 8）即有

$$\mathrm{I} + \mathrm{II} = V_1 \ (x; \ b) \ . \tag{3-9}$$

注意到 $W \ (t)$ 表示布朗运动，显然有

$$E[\, W(\mathrm{d}t)\,] = 0, \ E[\,(\,W(\mathrm{d}t))^2\,] = \mathrm{d}t. \tag{3-10}$$

下面我们分别对式（3-7）和式（3-8）中的 $V_1 \ (\ \cdot\ ; \ b)$ 和 $V_2 \ (\ \cdot\ ; \ b)$ 进行二阶泰勒展开，并求其期望函数，结合式（3-10）可得

$$E_x[\, V_1(x - c\mathrm{d}t + \sigma W(\mathrm{d}t); \ b)\,]$$

$$= E_x\Big[\, V_1(x; \ b) + V'_1(x; \ b)(-c\mathrm{d}t + \sigma W(\mathrm{d}t)) + \frac{V''_1(x; \ b)}{2}(-c\mathrm{d}t + \sigma W(\mathrm{d}t))^2 + o(\mathrm{d}t)\,\Big]$$

$$= \frac{\sigma^2}{2} V''_1(x; \ b)\mathrm{d}t - cV'_1(x; \ b)\mathrm{d}t + V_1(x; \ b) + o(\mathrm{d}t), \tag{3-11}$$

令 $w = \dfrac{s}{\sqrt{\mathrm{d}t}}$，则

$$E_x[\, V_1(x - c\mathrm{d}t + \sigma W(\mathrm{d}t) + Z_1; b) \cdot I(Z_1 \in (0, b - (x - c\mathrm{d}t + \sigma W(\mathrm{d}t))))\,]$$

$$= \int_{-\infty}^{+\infty} \frac{1}{\sqrt{2\pi}} \frac{1}{\sqrt{\mathrm{d}t}} e^{-\frac{s^2}{2\mathrm{d}t}} \mathrm{d}s \int_0^{b-(x-c\mathrm{d}t+\sigma s)} V_1(x - c\mathrm{d}t + \sigma s + z; b)\mathrm{d}P(z)$$

$$= \int_{-\infty}^{+\infty} \frac{1}{\sqrt{2\pi}} e^{-\frac{w^2}{2}} \mathrm{d}w \int_0^{b-(x-c\mathrm{d}t+\sigma w\sqrt{\mathrm{d}t})} V_1(x - c\mathrm{d}t + \sigma w + z; b)\mathrm{d}P(z)$$

$$= \int_{-\infty}^{+\infty} \frac{1}{\sqrt{2\pi}} e^{-\frac{w^2}{2}} \mathrm{d}w \Big[ \int_0^{b-x} V_1(x - c\mathrm{d}t + \sigma w\sqrt{\mathrm{d}t} + z; b)\mathrm{d}P(z) + V_1(\xi_1)(c\mathrm{d}t - \sigma w\sqrt{\mathrm{d}t}) \Big]$$

$$= \int_{-\infty}^{+\infty} \frac{1}{\sqrt{2\pi}} e^{-\frac{w^2}{2}} \mathrm{d}w \Big\{ \int_0^{b-x} \Big[ V_1(x + z; b) + V'_1(x + z; b)(-c\mathrm{d}t + \sigma W(\mathrm{d}t)) +$$

$$\frac{V''_1(x + z; b)}{2}(-c\mathrm{d}t + \sigma W(\mathrm{d}t))^2 + o(\mathrm{d}t) \Big]\mathrm{d}P(z) + V_1(\xi_1)(c\mathrm{d}t -$$

$$\sigma w\sqrt{\mathrm{d}t}) \Big\}. \tag{3-12}$$

另外，

$$E_x[\, V_2(x - c\mathrm{d}t + \sigma W(\mathrm{d}t) + Z_1; b) \cdot I(Z_1 \in (b - (x - c\mathrm{d}t + \sigma W(\mathrm{d}t)), +\infty))\,]$$

$$= \int_{-\infty}^{+\infty} \frac{1}{\sqrt{2\pi}} e^{-\frac{w^2}{2}} dw \left\{ \int_{b-x}^{=\infty} \left[ V_2(x+z;b) + V'_2(x+z;b)(-cdt + \sigma W(dt)) + \right. \right.$$

$$\left. \frac{V''_2(x+z;b)}{2}(-cdt + \sigma W(dt))^2 + o(dt) \right] dP(z) + V_2(\xi_2)\left( cdt - \sigma w\sqrt{dt} \right) \right\},$$

$$(3-13)$$

其中，$\xi_1$ 与 $\xi_2$ 分别表示满足积分中值定理的对应其区间上存在的点，再由

$$\begin{cases} e^{-\delta dt} = 1 - \delta dt + o(dt), \\ P(T_1 > dt) = 1 - \lambda dt + o(dt), \\ P(T_1 \le dt) = \lambda dt + o(dt). \end{cases} \qquad (3-14)$$

把以上结果代入式（3-9）中，经过化简，将等式两边同时除以 $dt$，并令 $dt \to 0$，可得，当 $0 < x < b$ 时，式（3-6）成立。

## 二、分红函数在 $b < x < +\infty$ 时的微积分方程

**定理 3-2** 当 $b < x < +\infty$ 时，$V_2(x;b)$ 满足下面的非齐次微积分方程

$$\frac{\sigma^2}{2}V_2''(x;b) - (c+\alpha)V'_2(x;b) - (\lambda+\delta)V_2(x;b) + \lambda\int_0^{+\infty} V_2(x+z;b)p(z)$$

$$dz + \alpha = 0. \qquad (3-15)$$

**证明** 设 $T_1$ 表示第一次获得一份收入的时刻，我们考察在非常短的时间间隔 $(0, dt]$ 内的分红，仿照证明定理 2-1 使用的类似的方法可得

$$V_2(x;b) = E[D_{x,b} \mid U(0) = x] = E_x[D_x, b]$$

$$= E_x[D_{x,b}I(T_1 > dt)] + E_x[D_x, bI(T_1 \le dt)]$$

$$= V_2(x;b) = \alpha \cdot dt + e^{-\delta dt}\{P(T_1 > dt) \cdot Ex[V_2(x-(c+\alpha)dt + \sigma W(dt); b)] + P(T_1 \le dt) \cdot E_x[V_2(x-(c+\alpha)dt + \sigma W(dt) + Z_1; b)]\},$$

$$(3-16)$$

利用布朗运动的性质式（3-10）对式（3-16）中的 $V_2(\cdot; b)$ 在 $x$ 点进行

泰勒展开，再结合式（3 - 14）可推导出式（3 - 15）成立。

## 第三节 总分红现值期望函数的更新方程

上节我们已经在式（3 - 6）和式（3 - 15）中给出了总分红现值期望函数 $V(x; b)$ 在 $0 < x < b$ 和 $b < x < +\infty$ 时满足的微积分方程组。本节我们利用与 Wan（2007）类似的方法，通过积分变换推导出了与式（3 - 6）和式（3 - 15）等价的更新方程组，并用此更新方程组直接求出了总分红现值期望函数的表达式。下面，我们首先给出当 $0 < x < b$ 时的更新方程。

**定理 3 - 3** 当 $0 < x < b$ 时，微积分方程

$$
\begin{cases}
\dfrac{\sigma^2}{2}v_1''(x) - cv_1'(x) - (\lambda + \delta)v_1(x) + \lambda\displaystyle\int_0^{b-x} v_1(x + z)p(z)\,\mathrm{d}z + \\
\lambda\displaystyle\int_{b-x}^{+\infty} v_2(x + z)p(z)\,\mathrm{d}z = 0 \\
v_1(0) = 0, \ v_1(b) = V(b; b) = a_1(b)
\end{cases}, \quad (3-17)
$$

等价于以下更新方程

$$
v_1(x) = F_1(x) + \lambda_1\int_0^b v_1(u)G_1(x,u)\,\mathrm{d}u + \lambda_1\int_b^{+\infty} v_2(u)G_2(x,u)\,\mathrm{d}u, \quad (3-18)
$$

其中，

$$
\lambda_1 = \frac{2\lambda}{\sigma^2}, \quad\quad\quad\quad\quad\quad\quad\quad\quad\quad\quad\quad\quad\quad (3-19)
$$

$$
G_1(x,u) = -\int_0^u Q(x,y)p(u - y)\,\mathrm{d}y, \quad\quad\quad\quad\quad\quad (3-20)
$$

$$
G_2(x,u) = -\int_0^b Q(x,y)p(u - y)\,\mathrm{d}y, \quad\quad\quad\quad\quad\quad (3-21)
$$

$$F_1(x) = \frac{a_1(b)}{1-e^{-b}} f_0(x), \tag{3-22}$$

$$f_0(x) = 1 - e^{-x} + \frac{2}{\sigma^2} \int_0^b f_1(y) Q(x,y) \mathrm{d}y - \lambda_1 \int_0^b (1-e^{-u}) G_1(x,u) \mathrm{d}u, \tag{3-23}$$

$$f_1(x) = e^{-x} \left[ \frac{\sigma^2}{2} + c + \lambda + \delta + \lambda \int_0^{b-x} e^{-z} p(z) \mathrm{d}z \right] + \lambda + \delta - \lambda P(b-x). \tag{3-24}$$

**证明** 令 $Q$ $(x, y)$ 满足下面给定的微分方程

$$\begin{cases} \dfrac{\sigma^2}{2} Q''_{yy}(x,y) + c Q'_y(x,y) - (\lambda+\delta) Q(x,y) = 0, \\ Q(x,0) = 0; \ Q(x,b) = 0, \\ Q'_y(x,x+) - Q'_y(x,x-) = 1; \ Q(x,x+) = Q(x,x-). \end{cases} \tag{3-25}$$

经过计算, 我们可以得到式 (3-25) 的解为

$$Q(x,y) = \begin{cases} C_1(x)(e^{\beta_1 y} - e^{\beta_2 y}), \ 0 < y \leqslant x, \\ C_2(x) e^{\beta_1 y} + C_3(x) e^{\beta_2 y}, \ x < y < b. \end{cases} \tag{3-26}$$

其中, $\beta_1 > 0 > \beta_2$ 是特征方程 $\dfrac{\sigma^2}{2}\beta^2 + c\beta - (\lambda+\delta) = 0$ 的两个特征根, 且有

$$C_1(x) = \frac{e^{-\beta_1 x} - e^{(\beta_2-\beta_1)b - \beta_2 x}}{(\beta_1-\beta_2)(e^{(\beta_2-\beta_1)b} - 1)},$$

$$C_2(x) = \frac{e^{-\beta_1 x} - e^{-\beta_2 x}}{(\beta_1-\beta_2)(1 - e^{(\beta_1-\beta_2)b})},$$

$$C_3(x) = \frac{e^{-\beta_2 x} - e^{-\beta_1 x}}{(\beta_1-\beta_2)(e^{(\beta_2-\beta_1)b} - 1)}. \tag{3-27}$$

令

$$W(x) = v_1(x) - a_1(b) \frac{1-e^{-x}}{1-e^{-b}}, \tag{3-28}$$

由于

$$\frac{\sigma^2}{2}W''(x) - cW'(x) - (\lambda + \delta)W(x) = \frac{\sigma^2}{2}v_1''(x) - cv_1'(x) - (\lambda + \delta)v_1(x) + M,$$

$$(3-29)$$

其中

$$M = \frac{\sigma^2}{2}\frac{a_1(b)}{1 - e^{-b}}e^{-x} + c\frac{a_1(b)}{1 - e^{-b}}e^{-x} + (\lambda + \delta)\frac{a_1(b)}{1 - e^{-b}}(1 - e^{-x}),$$

再由

$$-\lambda\int_0^{b-x}W(x+z)p(z)\mathrm{d}z = -\lambda\int_0^{b-x}v_1(x+z)p(z)\mathrm{d}z + \lambda\int_0^{b-x}\frac{a_1(b)}{1 - e^{-b}}$$

$$(1 - e^{-(x+z)})p(z)\mathrm{d}z,\qquad(3-30)$$

联立式（3-29）和式（3-30），并结合式（3-17），可得到 $W(x)$ 满足下面的微积分方程

$$\frac{\sigma^2}{2}W''(x) - cW'(x) - (\lambda + \delta)W(x) = -\lambda\int_0^{b-x}W(x+z)p(z)\mathrm{d}z - \lambda\int_{b-x}^{+\infty}v_2(x+$$

$$z)p(z)\mathrm{d}z + \frac{a_1(b)}{1 - e^{-b}}f_1(x).\quad(3-31)$$

将式（3-31）两端同时乘以 $Q(x,y)$，并对变量 $y$ 从 0 到 $b$ 进行积分，利用分部积分法，并结合式（3-25），可以得到

$$\frac{\sigma^2}{2}W(x) = -\lambda\int_0^b Q(x,y)\int_0^{b-y}W(y+z)p(z)\mathrm{d}z\mathrm{d}y - \lambda\int_0^b Q(x,y)\int_{b-y}^{+\infty}v_2$$

$$(y+z)p(z)\mathrm{d}z\mathrm{d}y + \int_0^b Q(x,y)\frac{a_1(b)}{1 - e^{-b}}f_1(y)\mathrm{d}y,\qquad(3-32)$$

令 $y + z = u$, $\mathrm{d}z = \mathrm{d}u$, 于是

$$W(x) = -\lambda_1\int_0^b\mathrm{d}y\int_y^b W(u)p(u-y)Q(x,y)\mathrm{d}u - \lambda_1\int_0^b\mathrm{d}y\int_b^{+\infty}v_2(u)p(u-y)$$

$$Q(x,y)\mathrm{d}u + \frac{2}{\sigma^2}\int_0^b Q(x,y)\frac{a_1(b)}{1 - e^{-b}}f_1(y)\mathrm{d}y$$

$$= -\lambda_1\int_0^b W(u)\mathrm{d}u\int_0^u Q(x,y)p(u-y)\mathrm{d}y - \lambda_1\int_b^{+\infty}v_2(u)\mathrm{d}u\int_0^b Q(x,y)$$

$$p(u-y)\mathrm{d}y + \frac{2}{\sigma^2}\int_0^b Q(x,y)\frac{a_1(b)}{1-\mathrm{e}^{-b}}f_1(y)\mathrm{d}y. \tag{3-33}$$

其中

$$\lambda_1 = \frac{2\lambda}{\sigma^2}.$$

令

$$G_1(x,u) = -\int_0^u Q(x,y)p(u-y)\mathrm{d}y,$$

$$G_2(x,u) = -\int_0^b Q(x,y)p(u-y)\mathrm{d}y,$$

那么有

$$W(x) = \lambda_1\int_0^b W(u)G_1(x,u)\mathrm{d}u + \lambda_1\int_0^{+\infty} v_2(u)G_2(x,u)\mathrm{d}u + \frac{2}{\sigma^2}\int_0^b Q(x,y)$$

$$\frac{a_1(b)}{1-\mathrm{e}^{-b}}f_1(y)\mathrm{d}y, \tag{3-34}$$

把式（3-28）代入式（3-34），我们可以得到

$$V_1(x) = F_1(x) + \lambda_1\int_0^b v_1(u)G_1(x,u)\mathrm{d}u + \lambda_1\int_b^{+\infty} v_2(u)G_2(x,u)\mathrm{d}u.$$

下面，我们给出分红函数在 $b < x < +\infty$ 时的更新方程。

**定理 3-4**　当 $b < x < +\infty$ 时，微积分方程

$$\begin{cases} \dfrac{\sigma^2}{2}v_2''(x) - (c+\alpha)v_2'(x) - (\lambda+\delta)v_2(x) + \lambda\int_0^{+\infty} v_2(x+z)p(z)\mathrm{d}z + \alpha = 0, \\ v_2(b) = V(b;b) - \dfrac{\alpha}{\delta} := a_2(b), v_2(\infty) = 0. \end{cases}$$

$$\tag{3-35}$$

等价于以下更新方程

$$v_2(x) = F_2(x) + \lambda_2\int_b^{+\infty} v_2(u)H(x,u)\mathrm{d}u, \tag{3-36}$$

其中，

$$\lambda_2 = \frac{2\lambda}{\sigma^2}, \tag{3-37}$$

$$H(x,u) = -\int_b^u R(x,y) p(u-y)\,\mathrm{d}y\ , \tag{3-38}$$

$$F_2(x) = a_2(b)g_0(x) - \frac{2}{\sigma^2}\int_0^{+\infty} \alpha R(x,y)\,\mathrm{d}y\ , \tag{3-39}$$

$$g_0(x) = \mathrm{e}^{b-x} - \frac{2}{\sigma^2}\int_b^{+\infty} g_1(y)R(x,y)\,\mathrm{d}y - \lambda_2 \int_b^{+\infty} \mathrm{e}^{b-u} H(x,u)\,\mathrm{d}u\ , \tag{3-40}$$

$$g_1(x) = \mathrm{e}^{b-x}\left[\frac{\sigma^2}{2} + c + \alpha - \lambda - \delta + \lambda \int_0^{+\infty} \mathrm{e}^{-z} p(z)\,\mathrm{d}z\right]. \tag{3-41}$$

**证明**　令 $R(x,y)$ 为下面给定的微分方程的解，得到

$$\begin{cases} \dfrac{\sigma^2}{2}R_{yy}''(x,y) + (c+\alpha)R_y'(x,y) - (\lambda+\delta)R(x,y) = 0, \\[2mm] R(x,b) = 0;\ R(x,+\infty) = 0, \\[2mm] R_y'(x,x+) - R_y'(x,x-) = 1;\ R(x,x+) = R(x,x-). \end{cases} \tag{3-42}$$

经过计算，我们可以得到式（3-42）的解为

$$R(x,y) = \begin{cases} C_4(x)\mathrm{e}^{\gamma_1 y} + C_5(x)\mathrm{e}^{\gamma_2 y}, & b < y < x, \\[2mm] C_6(x)\mathrm{e}^{\gamma_2 y}, & x < y < +\infty. \end{cases} \tag{3-43}$$

这里，$\gamma_1 > 0 > \gamma_2$ 是特征方程 $\dfrac{\sigma^2}{2}\gamma^2 + (c+\alpha)\gamma - (\lambda+\delta) = 0$ 的两个特征根，

且有

$$C_4(x) = -\frac{\mathrm{e}-\gamma_1 x}{\gamma_1 - \gamma_2},$$

$$C_5(x) = \frac{\mathrm{e}(\gamma_1 - \gamma_2)b - \gamma_1 x}{\gamma_1 - \gamma_2}, \tag{3-44}$$

$$C_6(x) = \frac{\mathrm{e}(\gamma_1 - \gamma_2)b - \gamma_1 x - \mathrm{e}^{-\gamma_2 x}}{\gamma_1 - \gamma_2}.$$

令

$$W(x) = v_2(x) - a_2(b) \mathrm{e}^{b-x},\tag{3-45}$$

由于

$$\frac{\sigma^2}{2}W''(x) - (c+\alpha)W'(x) - (\lambda+\delta)W(x) = \frac{\sigma^2}{2}v_2''(x) - (c+\alpha)v_2'(x) -$$

$$(\lambda+\delta)v_2(x) - N,\tag{3-46}$$

其中

$$N = a_2(b)\mathrm{e}^{b-x}\left(\frac{\sigma^2}{2} + c + \alpha - \lambda - \delta\right),$$

再由

$$\lambda\int_0^{+\infty} W(x+z)p(z)\mathrm{d}z = \lambda\int_0^{+\infty} v_2(x+z)p(z)\mathrm{d}z - \lambda a_2(b)\mathrm{e}^{b-x}\int_0^{+\infty}\mathrm{e}^{-z}p(z)\mathrm{d}z,$$

$$\tag{3-47}$$

联立式 (3-46) 和式 (3-47)，并结合式 (3-35)，便可得到 $W(x)$ 满足下面的微积分方程

$$\frac{\sigma^2}{2}W''(x) - (c+\alpha)W'(x) - (\lambda+\delta)W(x) = -\lambda\int_0^{+\infty} W(x+z)p(z)\mathrm{d}z -$$

$$\lambda a_2(b)\mathrm{e}^{b-x}\int_0^{+\infty}\mathrm{e}^{-z}p(z)\mathrm{d}z - N - \alpha.\tag{3-48}$$

将式 (3-48) 两端同时乘以 $R(x,y)$，并对变量 $y$ 从 $b$ 到 $+\infty$ 进行积分，利用分部积分法，并结合式 (3-42)，可以得到

$$\frac{\sigma^2}{2}W(x) = -\lambda\int_b^{+\infty} R(x,y)\int_0^{+\infty} W(y+z)p(z)\mathrm{d}z\mathrm{d}y -$$

$$\int_b^{+\infty}[\alpha + a_2(b)g_1(y)]R(x,y)\mathrm{d}y.\tag{3-49}$$

令 $y+z=u$，$\mathrm{d}z=\mathrm{d}u$，于是

$$W(x) = -\lambda_2\int_b^{+\infty}\mathrm{d}y\int_y^{+\infty} W(u)p(u-y)R(x,y)\mathrm{d}u - \frac{2}{\sigma^2}\int_b^{+\infty}[\alpha + a_2(b)g_1(y)]$$

$$R(x,y)\mathrm{d}y$$

$$= -\lambda_2 \int_b^{+\infty} W(u) p(u-y) \int_b^u R(x,y) p(u-y) \mathrm{d}y - \frac{2}{\sigma^2} \int_b^{+\infty} [\alpha +$$

$$a_2(b) g_1(y)] R(x,y) \mathrm{d}y. \qquad (3-50)$$

令

$$H(x,u) = -\int_b^u R(x,y) p(u-y) \mathrm{d}y,$$

那么有

$$W(x) = \lambda_2 \int_b^{+\infty} W(u) H(x,u) \mathrm{d}u - \frac{2}{\sigma^2} \int_b^{+\infty} [\alpha + a_2(b) g_1(y)] R(x,\ y) \mathrm{d}y,$$

$$(3-51)$$

把式（3－45）代入式（3－51），我们可以得到

$$v_2(x) = F_2(x) + \lambda_2 \int_b^{+\infty} v_2(u) H(x,u) \mathrm{d}u.$$

# 第四节　随机收入变量序列服从指数分布时的分红

在这一段中，我们来讨论一个特例，即在上述模型（3－1）中，当随机变量序列 $Z_i$，$i = 1$，2，…服从特定指数分布时，给出 $V(x;b)$ 的具体求解结果。在这里，我们设 $P(z) = 1 - e^{-\beta z}$，$z > 0$，参数 $\beta > 0$。那么，定理 3－1 和定理 3－2 中的式（3－6）和式（3－15）变为

当 $0 < x < b$ 时，

$$\frac{\sigma^2}{2} V_1''(x;b) - c V_1'(x;b) - (\lambda + \delta) V_1(x;b) + \lambda \int_0^{b-x} V_1(x+z;b) \cdot \beta e^{-\beta z} \mathrm{d}z +$$

$$\lambda \int_{b-x}^{+\infty} V_2(x+z;b) \cdot \beta e^{-\beta z} \, dz = 0. \tag{3-52}$$

当 $x > b$ 时，

$$\frac{\sigma^2}{2} V_2''(x;b) - (c+\alpha) V_2'(x;b) - (\lambda+\delta) V_2(x;b) + \lambda \int_0^{+\infty} V_2(x+z;b) \cdot$$

$$\beta e^{-\beta z} \, dz + \alpha = 0. \tag{3-53}$$

令 $x+z = y$（在这里 $y$ 和 $z$ 是变量）、$dz = dy$，那么式（3-52）和式（3-53）等价于以下两式：

当 $0 < x < b$ 时，

$$\frac{\sigma^2}{2} V_1''(x;b) - c V_1'(x;b) - (\lambda+\delta) V_1(x;b) + \lambda \beta e^{\beta x} \left[ \int_x^b V_1(y;b) \cdot e^{-\beta y} dy + \right.$$

$$\left. \int_b^{+\infty} V_2(y;b) \cdot e^{-\beta y} dy \right] = 0. \tag{3-54}$$

当 $x > b$ 时，

$$\frac{\sigma^2}{2} V_2''(x;b) - (c+\alpha) V_2'(x;b) - (\lambda+\delta) V_2(x;b) + \lambda \beta e^{\beta x} \int_x^{+\infty} V_2(y;b) \cdot e^{-\beta y}$$

$$dy + \alpha = 0. \tag{3-55}$$

我们现在将 $\left( \dfrac{d}{dx} - \beta \right)$ 分别施加于等式（3-54）和等式（3-55），即得

当 $0 < x < b$ 时，

$$\frac{\sigma^2}{2} V_1'''(x;\ b) - \left( c + \frac{\sigma^2}{2}\beta \right) V_1''(x;\ b) - (\lambda+\delta-c\beta) V_1'(x;\ b) + \delta\beta V_1$$

$$(x;\ b) \equiv 0. \tag{3-56}$$

当 $x > b$ 时，

$$\frac{\sigma^2}{2} V_2'''(x;\ b) - \left( c + \alpha + \frac{\sigma^2}{2}\beta \right) V_2''(x;\ b) - (\lambda+\delta-\beta(c+\alpha)) V_2'(x;\ b) +$$

$$\delta\beta V_2(x;\ b) - \beta\alpha \equiv 0. \tag{3-57}$$

以下只需解出这两个三阶微分方程在初始条件下的特解表达式即可。

若 $U(0)=0$，破产立刻发生且没有分红；若 $U(0)\to\infty$，破产永不发生且红利按比率 $\alpha$ 一直分红下去，对应的边界条件为

$$V_1(0,\ b)=0, \tag{3-58}$$

$$\lim_{n\to\infty}V_2(x;\ b)=\frac{\alpha}{\delta}, \tag{3-59}$$

再由 $V(x;\ b)$ 和 $V'(x;\ b)$ 的连续性有

$$V_1(b-;\ b)=V_2(b+;\ b), \tag{3-60}$$

$$V_1'(b-;\ b)=V_2'(b+;\ b). \tag{3-61}$$

设 $\xi_1$，$\xi_2$，$\xi_3$ 和 $\eta_1$，$\eta_2$，$\eta_3$ 分别为式（3-55）和式（3-56）的对应的特征方程式（3-62）和式（3-63）的三个根。

$$\frac{\sigma^2}{2}\xi^3-\left(c+\frac{\sigma^2}{2}\beta\right)\xi^2-(\lambda+\delta-c\beta)\xi+\delta\beta\equiv0, \tag{3-62}$$

$$\frac{\sigma^2}{2}\eta^3-\left(c+\alpha+\frac{\sigma^2}{2}\beta\right)\eta^2-(\lambda+\delta-\beta(c+\alpha))\eta+\delta\beta\equiv0. \tag{3-63}$$

那么微分方程式（3-56）和式（3-57）的解可结合式（3-58）~式（3-61）直接得出。

下面计算 $V(x;\ b)$ 在不同参数取值下的数值解。取 $\lambda=5$，$\beta=5$，$\sigma=0.2$，$c=0.3$，$\delta=0.06$，$\alpha=0.1$，可解得 $\xi_1=26.6564$，$\xi_2=-6.7399$，$\xi_3=0.0835$，$\eta_1=30.0713$，$\eta_2=-5.1678$，$\eta_3=0.0965$。设初始资金为 $x\in[0.3,1]$，$b=0.5$，依初始条件，$V(x;\ b)$ 取值见表3-1。

表3-1 当 $b=0.5$，1，1.5，且 $x=0.3$，0.4，…，1时，对应的 $V(x;\ b)$ 的取值

| $V(x;\ b)$ | $x=0.3$ | $x=0.4$ | $x=0.5$ | $x=0.6$ | $x=0.7$ | $x=0.8$ | $x=0.9$ | $x=1$ |
|---|---|---|---|---|---|---|---|---|
| $b=0.5$ | 0.2131 | 0.4841 | 1.0336 | 1.6796 | 2.5026 | 3.0232 | 3.5067 | 3.9820 |
| $b=1$ | 0.1815 | 0.3946 | 0.8281 | 1.4237 | 2.1256 | 2.7932 | 3.2533 | 3.6987 |
| $b=1.5$ | 0.1541 | 0.3125 | 0.6605 | 1.2969 | 1.8256 | 2.4389 | 2.9842 | 3.2857 |

一方面，当 $b = 0.5$，1，1.5 时，在图 3-1 中，我们画出了 $V(x; b)$ 关于 $x$ 的变化趋势图。从此图可以看出，对于每一给定取值的 $b$，$V(x; b)$ 关于 $x$ 是单调递增的，这与保险公司经营过程是相符的。事实上，对于给定的阈值水平 $b$，只要保险公司的初始水平增加，公司在相同的经营时间的收入较多，与之对应的分红值也较多。另一方面，从该图中我们还可以看到，对于相同的初始资本 $x$，较大的 $b$ 值对应的曲线在下方，而较小的 $b$ 值对应的曲线在上方，这一事实也符合我们对保险公司经营过程的认知。因为当固定初始资本 $x$ 时，较大的 $b$ 值使保险公司股东更难以得到分红，因此对应的 $V(x; b)$ 的取值会变小，使得对应的曲线在下方。反之，较小的 $b$ 值使保险公司股东更容易得到分红，因此对应的 $V(x; b)$ 的取值会变大，使得对应的曲线在上方。

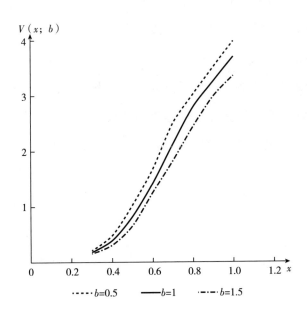

图 3-1　当 $b = 0.5$，1，1.5 时，$V(x; b)$ 关于 $x$ 的变化趋势图

# 第五节　本章小结

本章主要分析了对偶保险风险模型在阈值策略下的分红问题，使用无穷小分析法，推导出在破产前总分红现值期望函数满足的积分微分方程组，并利用引入的辅助函数推导出与之等价的更新方程组。同时，在指数分布收入情形下，给出了分红函数在特例下的一般解。我们指出，由于对破产时刻问题的分析与本章讨论的过程是一致的，因此，本章对分红问题的分析可以类似推广到对破产概率的刻画上，同时，也可以将类似的方法用于分析破产时刻的 Laplace 变换等，参阅 Wan（2007）。

此外，经典 Cramér – Lundberg 保险风险模型的对偶过程可以用一个谱正 Lévy 过程来刻画，这也就将特定的对偶风险模型一般化为带正跳的保险风险模型。该类问题在当前保险风险理论的研究领域是一个热门话题，同时，它在研究一系列带跳的保险风险模型所衍生的问题中扮演着非常重要的角色。因此，在下一章中，我们将引入 Lévy 过程的首次通过时间，并使用尺度函数这一工具来分析保险风险模型在混合策略下的分红与破产问题。

# 第四章　跳扩散对偶风险模型在混合策略下的分红及相关问题

　　本章考虑受扩散扰动影响的对偶风险模型，其红利按照混合型分红策略（Zhang 和 Han，2017）从盈余过程中进行扣除。该策略包含两个方面：一方面，只要风险过程的盈余金高于固定的阈值 $b$，就以固定比率 $\alpha > 0$ 连续支付红利；另一方面，对于预先设定（满足给定条件）的一组严格递增的定期分红时间点序列 $\{Z_j\}_{j \geqslant 1}$，只要在 $Z_j$ 处观察到的盈余金水平高于阈值水平 $b$，超出的部分也将作为红利全部支付给股东。此外，当风险过程的盈余金首次等于 0 时，公司破产。通过 Laplace 逆变换的方法，推导了直到破产为止支付给股东的总红利期望现值［即 $V(x; b)$］，以及破产时间的 Laplace 变换［即 $\Phi(x; b)$］所满足的积分微分方程，并通过引入的辅助尺度函数得到 $V$ 与 $\Phi$ 的一般表达式。在本章的最后部分，提供一些数值和图形示例用以展示本章的研究结果。

## 第一节　引　言

　　分红是指将公司收入或者现金流的一部分作为红利在某些时间点按照某种

方式分配给公司所有者或者公司股份拥有者。通常情况下，金融或保险类公司在经营过程中都会使用某些分红策略向其股东支付红利。从公司融资的角度来看，其价值可以通过直到破产之前的总红利期望现值来衡量。因此，计算在某些策略下公司在破产之前的总红利期望现值一直是保险数学的热门话题。De Finetti（1957）首次引入了保险风险模型的分红策略，并对保险投资组合的现金盈余过程进行了动态数学建模，得出的结论是，在其研究的分红问题中，最优策略为屏障分红策略。屏障分红策略的含义是，给定某一固定的屏障水平 $b$，当保险公司的资本盈余金超过此水平时，超出的部分全部作为红利分配给其股东。屏障分红策略的相关研究可参阅 Lin 等（2003），Gerber 和 Shiu（2004），Li（2006），Renaud 和 Zhou（2007），Avanzi 和 Gerber（2008），Cheung 等（2015），Sendova 等（2018），等等。但是，如果采用这种屏障分红策略，则公司的最终破产概率始终为 1（Gerber 和 Shiu，2006）。因此，Jean-blanc–Picqué 和 Shiryaev（1995），以及 Asmussen 和 Taksar（1997）提出了另一种具有有限分红率的替代策略，称为阈值分红策略。根据这种策略，每当公司的修正资本盈余金（指分红之后）高于固定的阈值水平 $b$ 时，便以某固定比率支付红利；而当修正资本盈余低于此阈值时，不支付红利。有关阈值分红策略的更多研究可参阅 Albrecher 等（2007），Wan（2007），Ng（2009），Shi 等（2013），Zhou 等（2015）以及 Peng 等（2019）等。近年来，根据现实生活中定期支付红利的情况，Albrecher 等（2011）基于 Cramér–Lundberg 模型首次引入了定期分红策略的概念。此种分红策略只允许在某些固定时间点（满足某些条件的离散时间点）才分配红利，即如果在那些时间点观察到的资本盈余大于给定水平 $b$，超出部分作为一次性红利全部支付给股东，否则不支付任何红利。有关此策略的更多研究论文可参阅 Albrecher 等（2011），Avanzi 等（2013），Avanzi 等（2014），Liu 和 Chen（2014），Noba 等（2018），Cheung 和 Zhang（2019）和 Dong 等（2019）。

但是，在实践中，有些公司董事会选择定期检查其公司的现金储备，然后再做出合理的选择：按照什么方式向其股东支付红利，以及支付多少比例的红利；从而出现连续支付红利（阈值分红策略）或一次性在某些离散时间点支付红利（定期分红策略）两种情况，而有些公司董事会则选择这两种分红策略的组合版本。正如 Zhang 和 Han（2017）所述，我们称这种组合版本的分红策略为混合分红策略。具体来说，阈值分红策略由两个参数 $b > 0$ 与 $\alpha > 0$ 决定：每当风险过程的修正盈余金高于 $b$ 时，就以固定比率 $\alpha$ 连续支付红利；而当修正盈余低于水平 $b$ 时，就不会支付任何红利。此外，对于预先设定（满足特定条件的离散时间点）的一组严格递增的随机时间点序列，如果在这些时间点观察到的盈余金大于给定水平 $b$，超出的部分则将作为红利全部支付给股东，否则不支付任何红利。对此类混合分红策略问题感兴趣的读者还可参阅 Avanzi 等（2016）以及 Pérez 和 Yamazaki（2018）等文献。

有很多学者对上文中提到的风险过程下的分红策略进行了深入研究，在这些策略下，研究的目标风险变量包括总红利期望现值、破产时间的 Laplace 变换以及 Gerber – Shiu 期望折现罚金函数等，相关论文可以参阅 Yuen 等（2007），Belhaj（2010），Choi 和 Cheung（2014），Cheung 等（2018），Zhang 和 Su（2019），Ramsden 和 Papaioannou（2019），以及 Wang 和 Zhang（2019）等。值得一提的是，在对这些变量进行研究时，最常见的是利用各种方法来求其满足的各种类型的积分微分方程（或积分微分方程组）的解。这些方法包括：①更新方程的方法，参阅 Gerber 和 Shiu（1998），Wan（2007）以及 Yuen 等（2009）；②Laplace 变换的数值解方法，参阅 Avanzi 和 Gerber（2008），Avanzi 等（2013）以及 Zhi 和 Pu（2016）；③Dickson – Hipp 算子方法，参阅 Dickson 和 Hipp（2001），Zhang 和 Han（2017）。但是，正如 Avanzi 和 Gerber（2008）所讨论的那样，这些方法有时会有局限性，因为解的表达通常不是直接给出的。为此，本章考虑了在混合分红策略下带扩散扰动的对偶风险模型，使用 Laplcae 逆变换方法，推导出了在任意收入分布下，直到破产之前的总红利期望现值和破产时刻的 Laplace 变换所满足的一般表达式。与传统研究结果不太一样的是，我们给出的这两个量的表达式是通过一些辅助尺度函数直接表示出来的。

本章其余部分的内容安排如下。在第二节中，我们首先给出本章研究的目标模型以及相关变量的定义。在第三节中，我们推导出直到破产之前的总期望红利现值［即 $V(x;\ b)$］满足的分段的积分微分方程，并通过引入一些辅助函数以及 Laplace 逆变换的方法给出此积分微分方程的解。在第四节中，我们使用与第三节中类似的方法和流程对破产时间的 Laplace 变换［即 $\Phi(x;\ b)$］进行分析和求解。在第五节中，我们阐明当随机收入分布具有有理函数形式的 Laplace 变换时，可以给出 $V(x;\ b)$ 与 $\Phi(x;\ b)$ 的显示表达式，相关的数值和图形示例在本节中也一并给出。在最后一节中，我们对本章的总体研究目标以及将来可能进行的深入研究做了总结。

## 第二节　混合策略下的带扰动对偶风险过程

在本节中，我们将引入本章所研究的目标模型以及目标风险变量。假设在扣除红利之前，保险公司的盈余过程 $X(t)$ 是定义在带流概率空间 $(\Omega,\ \mathcal{F},\ \mathbb{F} = \{\mathcal{F}_t;\ t \geqslant 0\},\ \mathbb{P})$ 上的带扩散扰动的对偶风险模型，即

$$X(t) = x - ct + \sigma W(t) + \sum_{n=1}^{N(t)} Y_n,\quad t \geqslant 0, \tag{4-1}$$

其中，$x \geqslant 0$ 表示盈余过程的初始本金；$\sigma > 0$ 表示扩散系数；$c > 0$ 表示连续支

付费用的固定比率；$\{Y_n\}_{n\geqslant 1}$ 是一组独立同分布的正随机变量序列，表示公司在经营过程中收到的随机利润；$N$ 是齐次的 Poisson 计数过程，表示直到时间 $t$ 之前收到的随机利润的总次数；$W$ 是标准布朗运动，用来模拟其他随机干扰因素对公司经营过程的影响。因此，式（4 – 1）右边的求和项 $\left[\,$记为 $S(t)\,\right]$ 是一个复合 Poisson 过程，表示直到时间 $t$ 的总收益或利润。简单起见，在本章中，我们假设 $Y_1$ 具有概率分布函数 $F_Y$ 与均值 $\mu$，并用 $\lambda > 0$ 表示 $N$ 的强度。此外，记 $\hat{F}_Y(s) = \int_0^\infty \mathrm{e}^{-sy}\mathrm{d}F_Y(y)$。

在现实中，保险公司需要向股东支付红利。因此，我们在模型（4 – 1）中考虑支付红利的过程。用 $D$ 表示某种分红策略下红利支付的过程，其中，$D = \{D(t)\,;\ t\geqslant 0\}$ 是非减的，左连续的，$\mathbb{F}$ 适应的过程，且从 0 开始，即 $D(0) = 0$。因此，模型（4 – 1）在给定分红策略下的修正盈余过程为

$$\tilde{X}(t) = X(t) - D(t)\,,\quad t\geqslant 0. \tag{4 – 2}$$

现在，我们通过以下三个步骤来引入在混合分红策略下的目标风险过程 $\tilde{X}^{(b)}(t)$。首先，对于固定水平 $b > 0$，我们将带阈值分红策略的辅助风险过程设为 $X^{(b)} = \{X^{(b)}(t)\,;\ t\geqslant 0\}$，其满足的动态方程为

$$\mathrm{d}X^{(b)}(t) = \mathrm{d}X(t) - \alpha\mathbf{1}_{\{X^{(b)}(t)>b\}}\mathrm{d}t\,,\quad t\geqslant 0, \tag{4 – 3}$$

这里的 $\mathbf{1}_A$ 表示事件 $A$ 对应的示性函数。

接着，我们令 $\{Z_j\}_{j=1}^\infty$ 为一列严格递增的定期分红决策时间，它由一个强度为 $\gamma$ 的 Poisson 过程 $\{N_\gamma(t)\,;\ t\geqslant 0\}$ 所控制，且此过程与 $S(t)$ 以及 $W(t)$ 都相互独立。令 $Z_0 = 0$，对于 $j = 1,\ 2,\ \cdots$，变量 $T_j := Z_j - Z_{j-1}$ 即表示第 $(j-1)$ 个决策时间与第 $j$ 个决策时间之间的时间间隔。在本章中，我们假设它们服从均值为 $1/\gamma$ 的指数分布。

最后，对于 $j = 1,\ 2,\ \cdots$，我们引入另外一个辅助过程 $X_j^{(b)} = \{X_j^{(b)}(t)\,;\ t\geqslant 0\}$。那么，在混合分红策略下，$\tilde{X}^{(b)}$ 与 $X_j^{(b)}$ 的联合动态过程可写成

$$X_j^{(b)}(t) = \begin{cases} X^{(b)}(t), & j=1 ; t \geqslant 0, \\ \widetilde{X}^{(b)}(Z_{j-1}) - \int_{Z_{j-1}}^{t} (c + \alpha \mathbf{1}_{\{X_j^{(b)}(s) > b\}}) \, \mathrm{d}s \\ \quad + \sigma [W(t) - W(Z_{j-1})] + \sum_{i=N(Z_{j-1})+1}^{N(t)} Y_i, & j=2,3,\cdots ; t \geqslant Z_{j-1}. \end{cases}$$

对于 $j = 1,\ 2,\ \cdots$,

$$\widetilde{X}^{(b)}(t) = \begin{cases} X_j^{(b)}(t), & Z_{j-1} < t < Z_j, \\ \min(X_j^{(b)}(t), b) & t = Z_j. \end{cases} \tag{4-4}$$

为了更好地理解 $\widetilde{X}^{(b)}$ 的特征,我们在图 4 - 1 中绘制了它运行轨道的一个示例,其中,"type1" 和 "type2" 分别表示由连续支付流产生的红利和在离散时间点产生的红利。

需要强调的一点是,由于我们假定 $t = 0$ 不是决定分红的时刻,那么即使初始资金 $X(0) = x > b$,按照上述定义,也必有 $Z_0 = 0$(即在 $t = 0$ 时刻也不会支付红利)。此外,我们假设在定期支付红利的时间点 $Z_j (j = 1,\ 2,\ \cdots,\ n)$ 分红的数量为 $(X_j^{(b)}(Z_j) - b)_+$,其中 $x_+ = \max(x,\ 0)$。

在本章中,我们还假设一旦破产发生,此时刻可以被立刻观察到,于是可将 $\widetilde{X}^{(b)}(t)$ 的破产时间定义为

$$\tau^b = \inf\{t \geqslant 0 ; \widetilde{X}^{(b)}(t) \leqslant 0\},$$

同时,约定 $\inf \varnothing = \infty$。

下面,我们引入破产时间的 Laplace 变换,它是本章研究的目标变量之一,它被定义为

$$\Phi(x ; b) := \mathbb{E}_x[\mathrm{e}^{-q\tau^b} \mathbf{1}_{\{\tau^b < \infty\}}],$$

其中,$q \geqslant 0$ 表示利息力度,$\mathbb{E}_x$ 表示给定 $X(0) = x$ 时的条件期望。

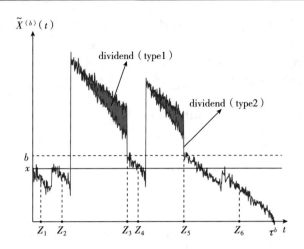

**图 4 - 1　盈余过程 $\widetilde{X}^{(b)}(t)$ 运行轨道的模拟图**

此外，我们感兴趣的另外一个变量是直到破产前的总红利期望现值。设 $J =$ $\max\{j: Z_j \leqslant \tau^b\}$，在混合分红策略下，直到破产之前的总红利现值由下式给出：

$$D_\alpha^b = \sum_{j=1}^{J} \int_{Z_{j-1}}^{t \wedge \tau_b} \mathrm{e}^{-qs}(\alpha 1_{\{X_j^{(b)}(s) > b\}})\mathrm{d}s + \sum_{j=1}^{J} \mathrm{e}^{-qZ_j}(X_j^{(b)}(Z_j) - b)_+.$$

当 $x \geqslant 0$，$D_\alpha^b$ 的期望可定义成

$$V(x;\, b) := \mathbb{E}_x[D_\alpha^b],\ x \geqslant 0.$$

我们的主要目标是推导在任意随机收益分布下 $V$ 与 $\Phi$ 的一般表达式，在下一节中，我们首先给出关于 $V$ 的一般结果。

# 第三节　对 $V(x;\, b)$ 的分析

对于给定的红利阈值水平 $b \in [0,\, \infty)$，本节将研究在混合分红策略下直到破产之前支付给股东的总红利期望现值，即 $V(x;\, b)$，$x \in [0,\, \infty)$。我们采

用积分微分方程结合 Laplace 逆变换的方法来刻画 $V$。值得一提的是，我们的分析结果提供了 $V$ 的一般表达式。

下面的定理 4 – 1 给出了 $V$ 满足的积分微分方程，以及相应的边界条件。由于 $V(x; b)$ 在不同的初始盈余区间 $x \in [0, b]$ 与 $x \in (b, \infty)$ 上具有不同的特性，因此，为了在概念上区分方便，令

$$V(x; b) = \begin{cases} V_1(x; b), \ 0 \leqslant x \leqslant b, \\ V_2(x; b), \ b < x < \infty. \end{cases}$$

现在，我们采用无穷小分析法来给出 $V$ 满足的积分微分方程，这种分析方法在一些文献中频繁出现，参见 Wan（2007），Zhang 和 Han（2017）等。

**定理 4 – 1** $V (x; b)$ 满足下面积分微分方程：

$$\frac{1}{2}\sigma^2 V''_1(x;b) - cV'_1(x;b) - (\lambda + q)V_1(x;b) +$$

$$\lambda \left( \int_0^{b-x} V_1(x + y;b)\mathrm{d}F(y) + \int_{b-x}^{\infty} V_2(x + y;b)\mathrm{d}F(y) \right) = 0, x \in (0, b),$$

$$(4 – 5)$$

$$\frac{1}{2}\sigma^2 V''_2(x; b) - (c + \alpha)V'_2(x; b) - (\lambda + q + \gamma)V_2(x; b) +$$

$$\lambda \int_0^{\infty} V_2(x + y;b)\mathrm{d}F(y) + \gamma[x - b + V_2(b;b)] + \alpha = 0, x \in (b, \infty). \quad (4 – 6)$$

其对应的边界条件有 $V_1(0; b) = 0$ 与 $V_1(b.; b) = V_2(b+; b)$。

**证明** 对于 $x \in (0, b)$，比较在无穷小的时间间隔 $[0, \mathrm{d}t]$ 内，第一份收入到来的时刻（用 $\tau_1$ 表示），第一次定期决定分红的时刻（用 $T_1$ 表示），以及时间间隔长度 $\mathrm{d}t$ 之间的大小关系，可以得到

$$V_1(x; b) = \mathbb{E}_x[D_{\alpha}^b \mathbf{1}_{\{T_1 \leqslant \mathrm{d}t, \tau_1 \leqslant \mathrm{d}t\}}] + \mathbb{E}_x[D_{\alpha}^b \mathbf{1}_{\{T_1 \leqslant \mathrm{d}t, \tau_1 > \mathrm{d}t\}}] +$$

$$\mathbb{E}_x[D_{\alpha}^b \mathbf{1}_{\{T_1 > \mathrm{d}t, \tau_1 \leqslant \mathrm{d}t\}}] + \mathbb{E}_x[D_{\alpha}^b \mathbf{1}_{\{T_1 > \mathrm{d}t, \tau_1 > \mathrm{d}t\}}]. \quad (4 – 7)$$

利用 $T_1$ 和 $\tau_1$ 之间的独立性，结合泰勒展开式，并注意到 $\mathrm{e}^x = 1 + x + \mathrm{o}(x)$ 的

事实，则式（4-7）的四项可以分别重写成

$$\mathbb{E}_x\left[D_\alpha^b \mathbf{1}_{\{T_1 \leqslant \mathrm{d}t,\, \tau_1 > \mathrm{d}t\}}\right]$$

$$= \mathrm{e}^{-q\mathrm{d}t}\mathbb{P}(T_1 \leqslant \mathrm{d}t)\mathbb{P}(\tau_1 > \mathrm{d}t)\mathbb{E}\left[V_1(x - c\mathrm{d}t + \sigma W(\mathrm{d}t);\ b)\right]$$

$$= (1 - q\mathrm{d}t + \mathrm{o}(\mathrm{d}t))(\gamma\mathrm{d}t + \mathrm{o}(\mathrm{d}t))(1 - \lambda\mathrm{d}t + \mathrm{o}(\mathrm{d}t)) \times$$

$$\left(\frac{1}{2}\sigma^2 V''_1(x;\ b)\mathrm{d}t - cV'_1(x;\ b)\mathrm{d}t + V_1(x;\ b) + \mathrm{o}(\mathrm{d}t)\right)$$

$$= \gamma\mathrm{d}tV(x;\ b) + \mathrm{o}(\mathrm{d}t), \tag{4-8}$$

$$\mathbb{E}_x\left[D_\alpha^b \mathbf{1}_{\{T_1 > \mathrm{d}t,\, \tau_1 \leqslant \mathrm{d}t\}}\right] = \mathrm{e}^{-q\mathrm{d}t}\mathbb{P}(T_1 > \mathrm{d}t)\mathbb{P}(\tau_1 \leqslant \mathrm{d}t) \times (\mathbb{E}[\mathbb{E}[V_1(x - c\mathrm{d}t +$$

$$\sigma W(\mathrm{d}t) + Y_1;\ b)\mid Y_1 \in (0,\ b - x + c\mathrm{d}t - \sigma W(\mathrm{d}t))] + E[\alpha(\mathrm{d}t - \tau_1) +$$

$$V_2(x - c\mathrm{d}t + \sigma W(\mathrm{d}t) + Y_1;\ b)\mid Y_1 \in (b - x + c\mathrm{d}t - \sigma W(\mathrm{d}t),\ \infty)]])$$

$$= (1 - q\mathrm{d}t + \mathrm{o}(\mathrm{d}t))(1 - \gamma\mathrm{d}t + \mathrm{o}(\mathrm{d}t))(\lambda\mathrm{d}t + \mathrm{o}(\mathrm{d}t)) \times$$

$$\left(\int_0^{b-x} V_1(x + y;b)\mathrm{d}F(y) + \int_{b-x}^\infty V_2(x + y;b)\mathrm{d}F(y)\right) + \mathrm{o}(\mathrm{d}t)$$

$$= \lambda\mathrm{d}t\left(\int_0^{b-x} V_1(x + y;b)\mathrm{d}F(y) + \int_{b-x}^\infty V_2(x + y;b)\mathrm{d}F(y)\right) + \mathrm{o}(\mathrm{d}t),$$

$$\tag{4-9}$$

$$\mathbb{E}_x\left[D_\alpha^b \mathbf{1}_{\{T_1 \leqslant \mathrm{d}t,\, \tau_1 \leqslant \mathrm{d}t\}}\right] = \mathrm{o}(\mathrm{d}t), \tag{4-10}$$

$$\mathbb{E}_x\left[D_\alpha^b \mathbf{1}_{\{T_1 > \mathrm{d}t,\, \tau_1 > \mathrm{d}t\}}\right]$$

$$= \mathrm{e}. \, q\mathrm{d}t\mathbb{P}(T_1 > \mathrm{d}t)\mathbb{P}(\tau_1 > \mathrm{d}t)E\left[V_1(x - c\mathrm{d}t + \sigma W(\mathrm{d}t);\ b)\right]$$

$$= (1 - q\mathrm{d}t + \mathrm{o}(\mathrm{d}t))(1 - \gamma\mathrm{d}t + \mathrm{o}(\mathrm{d}t))(1 - \lambda\mathrm{d}t + \mathrm{o}(\mathrm{d}t)) \times$$

$$\left(\frac{1}{2}\sigma^2 V''_1(x;\ b)\mathrm{d}t - cV'_1(x;\ b)\mathrm{d}t + V_1(x;\ b) + \mathrm{o}(\mathrm{d}t)\right)$$

$$= V_1(x;\ b) + \left(\frac{1}{2}\sigma^2 V''_1(x;\ b) - cV'_1(x;\ b) - (\lambda + q + \gamma)V_1(x;\ b)\right)\mathrm{d}t +$$

$$\mathrm{o}(\mathrm{d}t). \tag{4-11}$$

将式（4-8）~式（4-11）的结果代入式（4-7）中并整理，两边同时除以 $\mathrm{d}t$，再令 $\mathrm{d}t \to 0$，即可得到式（4-5）。

对于 $x \in (b, \infty)$，利用与式（4-7）类似的讨论可得

$$
\begin{aligned}
V_2(x; b) = & \mathbb{E}_x[D_\alpha^b \mathbf{1}_{\{T_1 \leqslant dt, \tau_1 \leqslant dt\}}] + \mathbb{E}_x[D_\alpha^b \mathbf{1}_{\{T_1 \leqslant dt, \tau_1 > dt\}}] + \\
& \mathbb{E}_x[D_\alpha^b \mathbf{1}_{\{T_1 > dt, \tau_1 \leqslant dt\}}] + \mathbb{E}_x[D_\alpha^b \mathbf{1}_{\{T_1 > dt, \tau_1 > dt\}}],
\end{aligned} \tag{4-12}
$$

其中，式（4-12）中的四项可以分别重写成

$$
\begin{aligned}
& \mathbb{E}_x[D_\alpha^b \mathbf{1}_{\{T_1 \leqslant dt, \tau_1 > dt\}}] \\
& = e^{-qdt} \mathbb{P}(\tau_1 > dt) \mathbb{E}((\alpha T_1 + x - (c+\alpha)T_1 + \sigma W(T_1) - b + \\
& \quad V_2(b - c(dt - T_1) + \sigma W(dt - T_1); b))\mathbf{1}_{\{T_1 \leqslant dt\}}) \\
& = (1 - qdt + o(dt))(1 - \lambda dt + o(dt))\gamma dt(x - b + V_2(b; b) + o(1)) \\
& = \gamma(x - b + V_2(b; b))dt + o(dt),
\end{aligned} \tag{4-13}
$$

$$
\begin{aligned}
& \mathbb{E}_x[D_\alpha^b \mathbf{1}_{\{T_1 > dt, \tau_1 \leqslant dt\}}] \\
& = e^{-qdt} \mathbb{P}(T_1 > dt)\mathbb{P}(\tau_1 \leqslant dt) \times (\alpha dt + \mathbb{E}[V_2(x - (c+\alpha)dt + \\
& \quad \sigma W(dt) + Y_1; b) \mid Y_1 \in (0, \infty)]) \\
& = (1 - qdt + o(dt))(1 - \gamma dt + o(dt))(\lambda dt + o(dt)) \times \\
& \quad \int_0^\infty V_2(x + y; b)dF(y) + o(dt) \\
& = \lambda dt \int_0^\infty V_2(x + y; b)dF(y) + o(dt),
\end{aligned} \tag{4-14}
$$

$$
\mathbb{E}_x[D_\alpha^b \mathbf{1}_{\{T_1 \leqslant dt, \tau_1 \leqslant dt\}}] = o(dt), \tag{4-15}
$$

$$
\begin{aligned}
& \mathbb{E}_x[D_\alpha^b \mathbf{1}_{\{T_1 > dt, \tau_1 > dt\}}] \\
& = e^{-qdt}\mathbb{P}(T_1 > dt)\mathbb{P}(\tau_1 > dt)(\alpha dt + \mathbb{E}[V_2(x - (c+\alpha)dt + \sigma W(dt); b)]) \\
& = \alpha dt + (1 - qdt + o(dt))(1 - \gamma dt + o(dt))(1 - \lambda dt + o(dt)) \times \\
& \quad \left(\frac{1}{2}\sigma^2 V''_2(x; b)dt - (c+\alpha)V'_2(x; b)dt + V_2(x; b) + o(dt)\right) \\
& = \alpha dt + V_2(x; b) + o(dt) + \\
& \quad \left(\frac{1}{2}\sigma^2 V''_2(x; b) - (c+\alpha)V'_2(x; b) - (\lambda + q + \gamma)V_2(x; b)\right)dt.
\end{aligned} \tag{4-16}
$$

将式（4-13）~式（4-16）的结果代入式（4-12）中并整理，两边同时除以 $\mathrm{d}t$，再令 $\mathrm{d}t \to 0$，即可得到所要证明的等式（4-6）。

最后，我们来解释定理中式（4-5）与式（4-6）满足的边界条件。如果 $X(0)=0$，那么根据破产时刻的定义以及 $\sigma>0$，可知 $V_1(0;b)=0$。另外，$V(x;b)$ 在 $x=b$ 处连续的条件可参阅 Peng 等（2019）。也可以利用 Avanzi 等（2014）使用的方法来证明，研究的是具有扩散扰动的对偶风险模型在周期性屏障分红策略下的总红利期望现值。具体来说，通过考虑第一次随机收益、分红决定时间以及破产时刻发生的次序，可以将 $V(x;b)$ 表示为积分项之和，然后再考虑与盈余过程的连续部分相关的预解测度，可得出这些积分是由关于 $x$ 的连续函数组成的，这意味着 $V(x;b)$ 在 $x=b$ 处是连续的。定理证毕。

**注4-1**　令 $\alpha=0$ 或 $\gamma \to \infty$，则修正盈余过程式（4-4）分别退化成在定期分红策略下以及屏障分红策略下的风险过程；而当 $\gamma \to 0$ 时，式（4-4）退化为单独阈值分红策略下的风险过程（Zhi 和 Pu，2016）。可以证明，在单独定期分红策略与单独阈值分红策略的保险风险模型下，总红利期望现值 $V(x;b)$ 在 $x=b$ 处都是连续可微的（Avanzi 等，2014；Zhi 和 Pu，2016）。对于本章在混合分红策略下的情形，由式（4-5）与式（4-6）可知，$V(x;b)$ 在 $x=b$ 处的连续可微性（在下一个定理中证明其成立）等价于

$$\frac{\sigma^2}{2}V''_1(b-;b)=\frac{\sigma^2}{2}V''_2(b+;b)+\alpha(1-V'(b;b)),$$

这意味着，如果 $V'(b;b)=1$ 或者 $\alpha=0$，那么 $V(x;b)$ 在 $x=b$ 处也同时二阶连续可微。

接下来，我们将求解积分微分方程式（4-5）和式（4-6），以获得 $V(x;b)$ 的一般表达式。为此，我们需要引入以下几个辅助函数：$W_q^\alpha$，$\overline{W}_q$，$Z_q$，$\overline{Z}_q$ 以及 $Z_q(\cdot,\theta)(\alpha,q,\theta \geqslant 0)$。

首先，给定 $\alpha,q \geqslant 0$，我们定义 $W_q^\alpha:[0,\infty) \to [0,\infty)$ 为一个严格递

增且连续的函数，且其 Laplace 变换表示为

$$\int_0^\infty \mathrm{e}^{-\theta x} W_q^\alpha(x)\,\mathrm{d}x = \frac{1}{\psi_\alpha(\theta) - q},\ \theta > \Phi_q^\alpha,$$

其中，$\Phi_q^\alpha$ 是方程（4-17）的最大解，方程为

$$\psi_\alpha(\theta) = (c + \alpha)\theta + \frac{1}{2}\sigma^2\theta^2 - \lambda\int_{(0,\infty)}(1 - \mathrm{e}^{-\theta x})F(\mathrm{d}x) = q, \qquad (4-17)$$

方程（4-17）在精算数学中被称之为 Lundberg 基本方程。对于 $W_q^\alpha$ 的存在和唯一性，有兴趣的读者可以参阅 Kyprianou（2014）的研究，该书将 $W_q^\alpha$ 称之为尺度函数。为方便起见，将 $W_q^0(x)$ 简记为 $W_q(x)$，然后补充定义，当 $x < 0$ 时，$W_q(x) = 0$，我们将 $W_q^\alpha$ 的定义拓展到整个实数轴上。进一步，当 $q \geqslant 0$ 且 $x \geqslant 0$ 时，我们将其他辅助函数定义为

$$\overline{W}_q(x) = \int_0^x W_q(z)\,\mathrm{d}z,$$

$$Z_q(x) = 1 + q\,\overline{W}_q(x),$$

$$\overline{Z}_q(x) = \int_0^x Z_q(z)\,\mathrm{d}z,$$

$$Z_q(x,\theta) = \mathrm{e}^{\theta x}\left(1 + (q - \psi(\theta))\int_0^x \mathrm{e}^{-\theta z}W_q(z)\,\mathrm{d}z\right),$$

当 $x < 0$ 时，$Z_q(x) = 1$ 且 $Z_q(x, \theta) = \mathrm{e}^{\theta x}$。

下面定理给出了式（4-5）～式（4-6）解的存在性和唯一性，其解的一般表达式也同时被推导出来。

**定理 4-2** 对任意 $b \in [0, \infty)$，式（4-5）～（4-6）的解存在且可唯一表示成

$$V(x;\ b) = \kappa_1 Z_q(b-x) + \kappa_2 Z_q(b-x, \Phi_{\gamma+q}^\alpha) +$$

$$\kappa_3\big(\overline{Z}_q(b-x) + (\lambda\mu - c)\overline{W}q(b-x)\big),\ x > 0, \qquad (4-18)$$

其中，

$$\kappa_1 = \frac{\alpha}{\gamma+q} + \frac{\gamma(\lambda\mu-c-\alpha)}{(\gamma+q)^2} + \frac{\gamma}{\gamma+q}V(b;\ b),$$

$$\kappa_2 = -\frac{\alpha}{\gamma+q} - \frac{\gamma(\lambda\mu-c-\alpha)}{(\gamma+q)^2} + \frac{q}{\gamma+q}V(b;\ b),$$

$$\kappa_3 = -\frac{\gamma}{\gamma+q},$$

$$V(b;\ b) = \frac{\gamma[\overline{Z}q(b)+(\lambda\mu-c)\overline{W}_q(b)] - \left[\alpha+\frac{\gamma(\lambda\mu-c-\alpha)}{\gamma+q}\right][Z_q(b)-Z_q(b,\ \Phi^\alpha_{\gamma+q})]}{\gamma Z_q(b)+qZ_q(b,\ \Phi^\alpha_{\gamma+q})}.$$

$$(4-19)$$

特别地，$V(x;\ b)$ 在 $x\in(0,\ \infty)$ 上是连续可微的。

**证明** 利用 Avanzi 等（2013）的研究结果，我们可将式（4-6）的解设为

$$V(x;\ b) = A_1 e^{-\Phi^\alpha_{\gamma+q}(x-b)} + A_2 x + A_3, \qquad x\in(b,\ \infty), \qquad (4-20)$$

其中，$\Phi^\alpha_{\gamma+q}$ 是将式（4-17）中的 $q$ 用 $\gamma+q$ 替换后所得方程的最大解，$A_1$，$A_2$ 与 $A_3$ 是待确定的未知常数。将式（4-20）代入到式（4-6）中，然后整理可得

$$[\gamma-(q+\gamma)A_2]x+\gamma A_1+(\lambda\mu-c-\alpha+\gamma b)A_2-qA_3-\gamma b+\alpha=0,\ x\in(b,\ \infty),$$

这意味着式（4-21）和式（4-22）必然同时成立。

$$\gamma-(q+\gamma)A_2=0, \qquad (4-21)$$

$$\gamma A_1+(\lambda\mu-c-\alpha+\gamma b)A_2-qA_3-\gamma b+\alpha=0, \qquad (4-22)$$

此外，在式（4-20）中，令 $x\downarrow b$，并利用 $V$ 在 $x=b$ 处的连续性可得

$$V(b;\ b)=A_1+A_2 b+A_3. \qquad (4-23)$$

求解式（4-21）~式（4-23）可得

$$A_1 = \frac{1}{q+\gamma}\left[qV(b;\ b)-\frac{\gamma}{q+\gamma}(\lambda\mu-c-\alpha)-\alpha\right],$$

$$A_2 = \frac{\gamma}{q+\gamma},$$

$$A_3 = \frac{\gamma}{q+\gamma}\Big[\frac{1}{q+\gamma}(\lambda\mu - c - \alpha) + V(b;\ b) - b + \frac{\alpha}{\gamma}\Big].$$

因此，若 $x \in (b,\infty)$，式（4-20）可以重新写成

$$V(x;\ b) = \frac{1}{q+\gamma}\Big[qV(b;\ b) - \frac{\gamma}{q+\gamma}(\lambda\mu - c - \alpha) - \alpha\Big]\mathrm{e}^{-\Phi_{\gamma+q}^{\alpha}(x-b)} +$$

$$\frac{\gamma}{q+\gamma}\Big[\frac{1}{q+\gamma}(\lambda\mu - c - \alpha) + x + V(b;\ b) - b + \frac{\alpha}{\gamma}\Big], \qquad (4-24)$$

即式（4-18）成立。

下面我们来证明式（4-5），这里采用的是 Laplace 逆变换的方法。首先，对于由式（4-24）给出的 $V$，考虑以下积分微分方程：

$$\frac{1}{2}\sigma^2\omega''(x) - c\omega'(x) - (\lambda + q)\omega(x) +$$

$$\lambda\Big[\int_0^{b-x}\omega(x+y)\mathrm{d}F(y) + \int_{b-x}^{\infty}V(x+y;b)\mathrm{d}F(y)\Big] = 0,\quad x \in (-\infty,b),$$

$$(4-25)$$

式（4-25）的一个解是 $\omega$，其满足 $w\big|_{[0,b]} \equiv V(x;\ b)$，即 $w$ 限制在 $[0,\ b]$ 上与 $V(\cdot;\ b)$ 一致。令

$$\ell(x) = \int_{b-x}^{\infty}V(x+y;b)\mathrm{d}F(y), x \in (-\infty,b),$$

可以证明

$$\mathcal{L}(\ell)(s): = \int_{-\infty}^{b}\mathrm{e}^{sx}\ell(x)\mathrm{d}x$$

$$= \mathrm{e}^{sb}\int_0^{\infty}\mathrm{e}^{-sz}\int_z^{\infty}V(b-z+y;b)\mathrm{d}F(y)\mathrm{d}z$$

$$= \mathrm{e}^{sb}\int_0^{\infty}\mathrm{e}^{-sz}\int_z^{\infty}\big[A_1\mathrm{e}^{\Phi_{\gamma+q}^{\alpha}(z-y)} + A_2(b-z+y) + A_3\big]\mathrm{d}F(y)\mathrm{d}z$$

$$= \mathrm{e}^{sb}\Big\{\frac{\hat{F}(s) - \hat{F}(\Phi_{\gamma+q}^{\alpha})}{(\Phi_{\gamma+q}^{\alpha} - s)(q+\gamma)}\Big[q\omega(b) - \frac{\gamma}{q+\gamma}(\lambda\mu - c - \alpha) - \alpha\Big] + \frac{\gamma\mu}{s(q+\gamma)} +$$

$$\frac{1 - \hat{F}(s)}{s(q+\gamma)}\left[\frac{\gamma}{q+\gamma}(\lambda\mu - c - \alpha) + \gamma\omega(b) - \frac{\gamma}{s} + \alpha\right]\right\},\ s > \Phi^{\alpha}_{\gamma+q}.$$

$$(4-26)$$

再令

$$\mathcal{L}(\omega)(s) := \int_{-\infty}^{b} e^{sx}\omega(x)\,\mathrm{d}x,\ s > \Phi^{\alpha}_{\gamma+q},$$

易知

$$\mathcal{L}(\omega')(s) = e^{sb}\omega(b) - s\mathcal{L}(\omega)(s),$$

$$\mathcal{L}(\omega'')(s) = e^{sb}\omega'(b) - s[e^{sb}\omega(b) - s\mathcal{L}(\omega)(s)],$$

且

$$\int_{-\infty}^{b} e^{sx}\int_{0}^{b-x}\omega(x+y)\,\mathrm{d}F(y)\,\mathrm{d}x = e^{sb}\int_{0}^{\infty} e^{-sx}\int_{0}^{x}\omega(b-x+y)\,\mathrm{d}F(y)\,\mathrm{d}x$$

$$= e^{sb}\int_{0}^{\infty}\mathrm{d}F(y)\int_{y}^{\infty} e^{-sx}\omega(b-x+y)\,\mathrm{d}x$$

$$= \mathcal{L}(\omega)(s)\hat{F}(s).$$

因此，式（4-25）的两边乘以 $e^{sx}$，然后在 $(-\infty, b)$ 上对 $x$ 积分可得

$$\mathcal{L}(\omega)(s) = \frac{\frac{1}{2}\sigma^2 e^{sb}(-\omega'(b) + s\omega(b)) + ce^{sb}\omega(b) - \lambda\mathcal{L}(\ell)(s)}{\psi_0(s) - q},\ s > \Phi^{\alpha}_{\gamma+q}.$$

$$(4-27)$$

重新整理上式可得

$$\mathcal{L}(\omega)(s) = \frac{e^{sb}}{\psi_0(s) - q}\left\{-\frac{1}{2}\sigma^2\omega'(b) + \left(\frac{1}{2}\sigma^2 s + c\right)V(b;b) - \right.$$

$$\lambda\left[\kappa_2\frac{\hat{F}(s) - \hat{F}(\Phi^{\alpha}_{\gamma+q})}{\Phi^{\alpha}_{\gamma+q} - s} + \kappa_1\frac{1 - \hat{F}(s)}{s} - \frac{\gamma(1 - \hat{F}(s))}{s^2(q+\gamma)} + \frac{\gamma\mu}{s(q+\gamma)}\right]\right\}$$

$$= \frac{e^{sb}}{\psi_0(s) - q}\left[-\frac{1}{2}\sigma^2\omega'(b) + \lambda\kappa_2\frac{\hat{F}(s) - \hat{F}(\Phi^{\alpha}_{\gamma+q})}{s - \Phi^{\alpha}_{\gamma+q}} + \kappa_2\left(\frac{1}{2}\sigma^2 s + c\right) + \right.$$

$$\left.\frac{1}{2}\sigma^2\frac{\gamma}{\gamma+q} + \left(\kappa_1\frac{1}{s} - \frac{\gamma}{\gamma+q}\frac{1}{s^2}\right)\psi_0(s) - \frac{\gamma(\lambda\mu - c)}{s(q+\gamma)}\right]$$

$$= \frac{e^{sb}}{\psi_0(s) - q} \Big[ -\frac{1}{2}\sigma^2 \omega'(b) - \frac{1}{2}\sigma^2 \kappa_2 \Phi_{\gamma+q}^\alpha + \frac{1}{2}\sigma^2 \frac{\gamma}{\gamma+q} + \kappa_2$$

$$\frac{\psi_0(s) - q + \alpha\Phi_{\gamma+q}^\alpha - \gamma}{s - \Phi_{\gamma+q}^\alpha} + \Big( \kappa_1 \frac{1}{s} - \frac{\gamma}{\gamma+q} \frac{1}{s^2} \Big)$$

$$\psi_0(s) - \frac{\gamma(\lambda\mu - c)}{s(q+\gamma)} \Big], \quad s > \Phi_{\gamma+q}^\alpha. \tag{4-28}$$

注意到

$$\begin{cases} \int_{-\infty}^b e^{sx} W_q(b-x)\,dx = e^{sb}\int_0^\infty e^{-sx} W_q(x)\,dx = \frac{e^{sb}S}{\psi_0(s) - q}, \\[2mm] \int_{-\infty}^b e^{sx} \overline{W}_q(b-x)\,dx = e^{sb}\int_0^\infty e^{-sx} \overline{W}_q(x)\,dx = \frac{e^{sb}}{s[\psi_0(s) - q]}, \\[2mm] \int_{-\infty}^b e^{sx} Z_q(b-x)\,dx = e^{sb}\int_0^\infty e^{-sx} Z_q(x)\,dx = \frac{e^{sb}\psi_0(s)}{s[\psi_0(s) - q]}, \\[2mm] \int_{-\infty}^b e^{sx} \overline{Z}_q(b-x)\,dx = e^{sb}\int_0^\infty e^{-sx} \overline{Z}_q(x)\,dx = \frac{e^{sb}\psi_0(s)}{s^2[\psi_0(s) - q]}, \\[2mm] \int_{-\infty}^b e^{sx} Z_q(b-x,\Phi_{\gamma+q}^\alpha)\,dx = e^{sb}\int_0^\infty e^{-sx} Z_q(x,\Phi_{\gamma+q}^\alpha)\,dx = \frac{e^{sb}[\psi_0(s) - q + \alpha\Phi_{\gamma+q}^\alpha - \gamma]}{(s - \Phi_{\gamma+q}^\alpha)[\psi_0(s) - q]}, \end{cases}$$

$$\tag{4-29}$$

结合式(4-28)可得

$$\omega(x) = \frac{1}{2}\sigma^2 \Big[ -\omega'(b) - \kappa_2 \Phi_{\gamma+q}^\alpha + \frac{\gamma}{\gamma+q} \Big] W_q(b-x) + \kappa_1 Z_q(b-x) +$$

$$\kappa_2 Z_q(b-x, \Phi_{\gamma+q}^\alpha) + \kappa_3 [\overline{Z}_q(b-x) + (\lambda\mu - c)\overline{W}_q(b-x)],$$

$$\tag{4-30}$$

再利用边界条件 $\omega(0) = V(0; b) = 0$, 可推得

$$-\omega'(b) = \kappa^2 \Phi_{\gamma+q}^\alpha - \frac{\gamma}{\gamma+q} - \frac{2}{\sigma^2} \frac{1}{W_q(b)}$$

$$\{ \kappa_1 Z_q(b) + \kappa_2 Z_q(b, \Phi_{\gamma+q}^\alpha) + \kappa_3 [\overline{Z}_q(b) + (\lambda\mu - c)\overline{W}q(b)] \},$$

将之与式 (4-30) 结合我们可推得下式成立:

$$V(x;\ b) = \omega(x) = \kappa_1 Z_q(b-x) + \kappa_2 Z_q(b-x,\ \Phi_{\gamma+q}^\alpha) +$$

$$\kappa_3\left[\overline{Z}_q(b-x) + (\lambda\mu - c)\overline{W}_q(b-x)\right] - \frac{W_q(b-x)}{W_q(b)}\{\kappa_1 Z_q(b) +$$

$$\kappa_2 Z_q(b,\ \Phi_{\gamma+q}^\alpha) + \kappa_3\left[\overline{Z}_q(b) + (\lambda\mu - c)\overline{W}_q(b)\right]\},\ x \in (0,\ b).$$

$$(4-31)$$

另一方面，我们发现可以将 $\omega_1(x) = \kappa_1 Z_q(b-x) + \kappa_2 Z_q(b-x,\ \Phi_{\gamma+q}^\alpha) + \kappa_3(\overline{Z}_q(b-x) + (\lambda\mu - c)\overline{W}_q(b-x))$，$x \in (-\infty,\ b)$ 的 Laplace 变换重新写成

$$\mathcal{L}(\omega_1)(s) = \frac{e^{sb}}{\psi_0(s) - q}\left[\kappa_2\frac{\psi_0(s) - q + \alpha\Phi_{\gamma+q}^\alpha - \gamma}{s - \Phi_{\gamma+q}^\alpha} + \left(\kappa_1\frac{1}{s} - \frac{\gamma}{\gamma+q}\frac{1}{s^2}\right)\psi_0(s) - \frac{\gamma(\lambda\mu - c)}{s(q+\gamma)}\right]$$

$$= \frac{e^{sb}}{\psi_0(s) - q}\left[-\frac{1}{2}\sigma^2\omega'_1(b) - \frac{1}{2}\sigma^2\kappa_2\Phi_{\gamma+q}^\alpha + \frac{1}{2}\sigma^2\frac{\gamma}{\gamma+q} + \kappa_2\frac{\psi_0(s) - q + \alpha\Phi_{\gamma+q}^\alpha - \gamma}{s - \Phi_{\gamma+q}^\alpha} + \left(\kappa_1\frac{1}{s} - \frac{\gamma}{\gamma+q}\frac{1}{s^2}\right)\psi_0(s) - \frac{\gamma(\lambda\mu - c)}{s(q+\gamma)}\right]$$

$$= \frac{\frac{1}{2}\sigma^2 e^{sb}\left[-\omega'_1(b) + s\omega_1(b)\right] + ce^{sb}\omega_1(b) - \lambda\mathcal{L}(\ell)(s)}{\psi_0(s) - q},\ s > \Phi_{\gamma+q}^\alpha.$$

$$(4-32)$$

这里，我们同时用到了式（4−29），$\omega_1(b) = V(b;\ b) = \omega(b)$ 以及 $\omega'_1(b) = \kappa_2\Phi_{\gamma+q}^\alpha - \frac{\gamma}{\gamma+q}$ 的结果。再由式（4−27）与式（4−32）可知，$\omega(x)$ 与 $\omega_1(x)$ 限制在 $(0,\ b)$ 上都是方程（4−5）的解，因此，我们有

$$\omega(x) - \omega_1(x) = -\frac{W_q(b-x)}{W_q(b)}\{\kappa_1 Z_q(b) + \kappa_2 Z_q(b,\ \Phi_{\gamma+q}^\alpha) + \kappa_3\left[\overline{Z}_q(b) + (\lambda\mu - c)\overline{W}_q(b)\right]\},\ x \in (0,\ b).$$

上式也是式（4-5）的一个解。然而，通过对比 $W_q(b-x)$ 与式（4-27）的 Laplace 变换可知，$W_q(b-x)$ 不会是式（4-5）的一个解。否则的话，利用 $[W_q(b-\cdot)]'(b) = -2/\sigma^2$ 以及 $W_q(b-\cdot)(b) = 0$，则一定有

$$\frac{e^{sb}}{\psi_0(s)-q} = \mathcal{L}[W_q(b-\cdot)](s)$$

$$= \frac{\frac{1}{2}\sigma^2 e^{sb}\{-[W_q(b-\cdot)]'(b) + sW_q(0)\} + ce^{sb}W_q(0) - \lambda\mathcal{L}(\ell)(s)}{\psi_0(s)-q}$$

$$= \frac{e^{sb} - \lambda\mathcal{L}(\ell)(s)}{\psi_0(s)-q}, \quad s > \Phi_{\gamma+q}^{\alpha},$$

这意味着一定有 $\mathcal{L}(\ell)(s) \equiv 0$ 或者 $\ell \equiv 0$ 成立，而这与 $\ell$ 的定义以及式（4-24）相矛盾。因此，$\omega(x) - \omega_1(x)$ 必须是式（4-5）的一个退化解，即 $\omega(x) - \omega_1(x) \equiv 0$ 等价于

$$\kappa_1 Z_q(b) + \kappa_2 Z_q(b, \Phi_{\gamma+q}^{\alpha}) + \kappa_3(\overline{Z}_q(b) + (\lambda\mu - c)\overline{W}_q(b)) = 0, \qquad (4-33)$$

将此式与式（4-31）结合，则可推得式（4-18）与式（4-19）。最后，解的存在性和唯一性可以直接从 $W_q$ 的存在性和唯一性中获得，并且由于 $X$ 是一个具有无界变差的（$\sigma > 0$）的过程，参照 Kyprianou（2014）的相关研究，$W_q$ 是连续可微的，因此，$V(x; b)$ 是连续可微的。定理证毕。 □

**注 4-2**　定理 4-2 中式（4-20）的解的形式是受到 Avanzi 等（2013）的研究的启发而给出的。注意到在 Avanzi 等（2013）这篇文献中，对于 $x > b$，$V(x; b)$ 的求解是基于两个初始条件，即 $V(x; b)$ 和 $V'(x; b)$ 在 $x = b$ 处都是连续的。事实上，可以通过将 $V(x; b)$ 的连续性条件代入相应的积分微分方程中来获得 $V'(x; b)$ 在 $x = b$ 处的连续性。然而，在我们讨论的问题中，由于式（4-5）~式（4-6）是二阶的，因此，无法以相同的方式获得定理 4-1 中 $V'(x; b)$ 在 $x = b$ 处的连续性。因此，取而代之的是，我们直接利用 Avanzi 等（2013）的研究结果，假设出含指数项形式的解式（4-20），最后得到了用辅助

尺度函数表示的 $V(x; b)$ 的表达式。再利用尺度函数的性质，我们获得了 $V(x; b)$ 的存在性和唯一性，以及 $V'(x; b)$ 在 $x = b$ 处的连续性。

**注 4 – 3** 在定理 4 – 2 中，我们使用 Laplace 逆变换法给出 $V(x; b)$ 的解。下面，我们使用波动理论来验证方程（4 – 18）中给出的结果。注意到式（4 – 1）中的盈余过程 $X$ 是一个（特殊的）谱正 Lévy 过程，令 $Y = -X$，则 $Y$ 是一个谱负 Lévy 过程，于是 $X$ 与 $Y$ 的动态过程可以描述为

$$dX(t) = -cdt + \sigma dw(t) + d\left(\sum_{n=1}^{N(t)} Y_n\right), t \geq 0,$$

$$dY(t) = cdt - \sigma dw(t) - d\left(\sum_{n=1}^{N(t)} Y_n\right), t \geq 0.$$

分别引入 $X$ 与 $Y$ 的上穿和下穿时间，即

$$\sigma_a^{-(+)}: = \inf\{t \geq 0; X(t) < (>) a\},$$

$$\tau_a^{-(+)}: = \inf\{t \geq 0; Y(t) < (>) a\}.$$

利用 Albrecher 等（2016）的研究以及其后的分析可知

$$\mathbb{E}_x(e^{-q\tau_0^-} e^{\theta Y(\tau_0^-)} \mathbf{1}_{\{\tau_0^- < \tau_b^+\}}) = Z_q(x, \theta) - \frac{Wq(x)}{Wq(b)} Z_q(b, \theta), \quad (4-34)$$

即

$$\mathbb{E}_x\{e^{-q\tau_0^-}[-Y(\tau_0^-)]\mathbf{1}_{\{\tau_0^- < \tau_b^+\}}\}$$

$$= \frac{W_q(x)}{W_q(b)}[\overline{Z}_q(b) - \psi'(0+)\overline{W}_q(b)] - [\overline{Z}_q(x) - \psi'(0+)\overline{W}_q(x)]. \quad (4-35)$$

于是对 $x \in (0, b]$ 有

$$V(x; b) = \mathbb{E}_x\{e^{-q\sigma_b^+} \mathbf{1}_{\{\sigma_b^+ < \sigma_0^-\}} V[X(\sigma_b^+); b]\}$$

$$= \mathbb{E}_{b-x}\{e^{-q\tau_0^-} \mathbf{1}_{\{\tau_0^- < \tau_b^+\}} V[b - Y(\tau_0^-); b]\}$$

$$= \left[\frac{\alpha}{\gamma + q} - \frac{\gamma \psi' \alpha(0)}{(\gamma + q)^2} + \frac{\gamma}{\gamma + q} V(b; b)\right] \mathbb{E}_{b-x}(e^{-q\tau_0^-} \mathbf{1}_{\{\tau_0^- < \tau_b^+\}}) +$$

$$\left[-\frac{\alpha}{\gamma + q} + \frac{\gamma \psi' \alpha(0)}{(\gamma + q)^2} + \frac{q}{\gamma + q} V(b; b)\right] \mathbb{E}_{b-x}[e^{-q\tau_0^-} e^{\Phi_{\gamma+q}^\alpha Y(\tau_0^-)} \mathbf{1}_{\{\tau_0^- < \tau_b^+\}}] +$$

$$\frac{\gamma}{\gamma+q}\mathbb{E}_{b-x}\{e^{-q\tau_0^-}[-Y(\tau_0^-)]\mathbf{1}_{\{\tau_0^-<\tau_b^+\}}\}$$

$$=\left[\frac{\alpha}{\gamma+q}-\frac{\gamma\psi'\alpha(0)}{(\gamma+q)^2}+\frac{\gamma}{\gamma+q}V(b;b)\right]\left[Z_q(b-x)-\frac{W_q(b-x)}{W_q(b)}Z_q(b)\right]+$$

$$\left[-\frac{\alpha}{\gamma+q}+\frac{\gamma\psi'\alpha(0)}{(\gamma+q)^2}+\frac{q}{\gamma+q}V(b;b)\right]\left[Z_q(b-x,\Phi_{\gamma+q}^\alpha)-\frac{W_q(b-x)}{W_q(b)}\right.$$

$$\left.Z_q(b,\Phi_{\gamma+q}^\alpha)\right]+\frac{\gamma}{\gamma+q}\left\{\frac{W_q(b-x)}{W_q(b)}[\overline{Z}_q(b)-\psi'(0+)\overline{W}_q(b)]-\right.$$

$$\left.[\overline{Z}_q(b-x)-\psi'(0+)\overline{W}_q(b-x)]\right\}$$

$$=\kappa_1 Z_q(b-x)+\kappa_2 Z_q(b-x,\Phi_{\gamma+q}^\alpha)+\kappa_3[\overline{Z}_q(b-x)+(\lambda\mu-c)],$$

$$\overline{W}_q(b-x)], \tag{4-36}$$

这即是式（4-18）。

另外，对 $x\in(b,\infty)$ 有

$$V(x;b)=\mathbb{E}_x\left(\left(\alpha\int_0^{\sigma_b^-}e^{-qt}dt+e^{-q\sigma_b^-}V(X(\sigma_b^-);b)\right)\mathbf{1}_{\{\sigma_b^-<T_1\}}\right)+$$

$$\mathbb{E}_x\left(\left(\alpha\int_0^{T_1}e^{-qt}dt+e^{-qT_1}(X(T_1)-b+V(b;b))\right)\mathbf{1}_{\{T_1<\sigma_b^-\}}\right)$$

$$=\mathbb{E}_x\left(\frac{\alpha}{q}(e^{-\gamma\sigma_b^-}-e^{-(q+\gamma)\sigma_b^-})+e^{-(q+\gamma)\sigma_b^-}V(b;b)\right)+$$

$$\mathbb{E}_x\left(\left(\frac{\alpha}{q}(1-e^{-qT_1})+e^{-qT_1}(X(T_1)-b+V(b;b))\right)\mathbf{1}_{\{T_1<\sigma_b^-\}}\right)$$

$$=\mathbb{E}_0\left(\frac{\alpha}{q}(e^{-\gamma\tau_{x-b}^+}-e^{-(q+\gamma)\tau_{x-b}^+})+e^{-(q+\gamma)\tau_{x-b}^+}V(b;b)\right)+$$

$$\mathbb{E}_0(e^{-qT_1}(-Y(T_1)+x-b)\mathbf{1}_{\{T_1<\tau_{x-b}^+\}})+$$

$$\mathbb{E}_0\left(\frac{\alpha}{q}(1-e^{-\gamma\tau_{x-b}^+})+\frac{\gamma}{\gamma+q}(1-e^{-(\gamma+q)\tau_{x-b}^+})\left(V(b;b)-\frac{\alpha}{q}\right)\right).$$

根据 Albrecher 等（2016）的结果，则有

$$\mathbb{E}_0(e^{\theta(Y(T_1)-z)}\mathbf{1}_{\{T_1<\tau_z^+\}})=\frac{\gamma}{\gamma-\psi(\theta)}(e^{-\theta z}-e^{-\Phi_\gamma z}),\qquad z\geqslant0.$$

于是可得

$$\mathbb{E}_0\big\{[Y(T_1)-z]\mathbf{1}_{\{T_1<\tau_z^+\}}\big\}=\frac{\psi'(0)}{\gamma}(1-e^{-\Phi_\gamma z})-z,\qquad z\geq0,$$

即

$$\mathbb{E}_0\big\{e^{-qT_1}[x-b-Y(T_1)]\mathbf{1}_{\{T_1<\tau_{x-b}^+\}}\big\}=-\frac{\gamma\psi'(0)}{(\gamma+q)^2}(1-e^{-\Phi_{\gamma+q}(x-b)})+$$

$$\frac{\gamma}{\gamma+q}(x-b),\ x>b.\qquad(4-37)$$

注意到

$$\mathbb{E}_0(e^{-\gamma\tau_{x-b}^+})=e^{-\Phi_\gamma(x-b)},\qquad x\geq b,$$

结合式（4-37）可得

$$V(x;\ b)=\frac{\alpha}{q}\big[e^{-\Phi_\gamma^\alpha(x-b)}-e^{-\Phi_{\gamma+q}^\alpha(x-b)}\big]+e^{-\Phi_{\gamma+q}^\alpha(x-b)}V(b;\ b)-\frac{\gamma\psi'_\alpha(0)}{(\gamma+q)^2}$$

$$\big[1-e^{-\Phi_{\gamma+q}^\alpha(x-b)}\big]+\frac{\gamma}{\gamma+q}(x-b)+\frac{\alpha}{q}\big[1-e^{-\Phi_\gamma^\alpha(x-b)}\big]+$$

$$\frac{\gamma}{\gamma+q}\big[1-e^{-\Phi_{\gamma+q}^\alpha(x-b)}\big]\big[V(b;\ b)-\frac{\alpha}{q}\big]$$

$$=\frac{\alpha}{q}\big[1-e^{-\Phi_{\gamma+q}^\alpha(x-b)}\big]+e^{-\Phi_{\gamma+q}^\alpha(x-b)}V(b;\ b)-$$

$$\frac{\gamma\psi'_\alpha(0)}{(\gamma+q)^2}\big[1-e^{-\Phi_{\gamma+q}^\alpha(x-b)}\big]+\frac{\gamma}{\gamma+q}(x-b)+$$

$$\frac{\gamma}{\gamma+q}\big[1-e^{-\Phi_{\gamma+q}^\alpha(x-b)}\big]V(b;\ b)-\frac{\alpha}{q}\frac{\gamma}{\gamma+q}\big[1-e^{-\Phi_{\gamma+q}^\alpha(x-b)}\big]$$

$$=\big[\frac{\alpha}{\gamma+q}-\frac{\gamma\psi'_\alpha(0)}{(\gamma+q)^2}\big]\big[1-e^{-\Phi_{\gamma+q}^\alpha(x-b)}\big]+\big[\frac{\gamma}{\gamma+q}+\frac{q}{\gamma+q}e^{-\Phi_{\gamma+q}^\alpha(x-b)}\big]$$

$$V(b;\ b)+\frac{\gamma}{\gamma+q}(x-b)$$

$$=\frac{1}{q+\gamma}\big[qV(b;\ b)-\frac{\gamma}{q+\gamma}(\lambda\mu-c-\alpha)-\alpha\big]e^{-\Phi_{\gamma+q}^\alpha(x-b)}+$$

$$\frac{\gamma}{q+\gamma}\Big[\frac{1}{q+\gamma}(\lambda\mu-c-\alpha)+x+V(b;\ b)-b+\frac{\alpha}{\gamma}\Big], \quad x\in(b,\ \infty).$$

$$(4-38)$$

这就证明了式（4-24），即式（4-18）成立，其中，式（4-36）与式（4-38）中的 $V(b;\ b)$ 均可由式（4-33）解得。

在注 4-3 中，我们使用与 Avanzi 等（Avanzi 和 Gerber，2008；Avram 等，2007）研究中类似的方法来讨论如何求解最优阈值水平的值，以及在给定最优阈值水平时如何给出 $V$ 的一般表达式。

**注 4-4** 将最优阈值水平设为 $b^*$，即 $V(x;\ b^*)=\sup_{b\in[0,\infty)}V(x;\ b)$。首先，易知关于最优阈值水平 $b^*$（如果存在）满足的一个必要条件是

$$\frac{\partial V(x;\ b)}{\partial b}\Big|_{b=b^*}=0, \quad x\in[0,\ \infty).$$

$$(4-39)$$

此外，等式 $V'(b.\ ;\ b)=V'(b+;\ b)$ 的两边同时微分可得

$$V''(b.\ ;\ b)+\frac{\partial^2 V(x;\ b)}{\partial x\partial b}\Big|_{x=b-}=V''(b+;\ b)+\frac{\partial^2 V(x;\ b)}{\partial x\partial b}\Big|_{x=b+}. \quad (4-40)$$

利用式（4-39），当 $b=b^*$ 时，式（4-40）两边的第二项都消失了，则必有

$$V''(b^*-;\ b^*)=V''(b^*+;\ b^*),$$

即 $V(x,\ b^*)$ 在 $x=b^*$ 处是二阶连续可微的。这种现象在金融研究领域被称为高接触条件（Carr 等，1992）或最优平滑黏性条件（Barone - Adesi，2005）。再利用注 4-1 可得

$$V'(b^*;\ b^*)=V'(b^*-;\ b^*)=V'(b^*+;\ b^*)=1.$$

$$(4-41)$$

另外，利用式（4-24）与式（4-39）可得

$$\frac{q}{q+\gamma}\Big[\frac{\partial}{\partial b}V(x;\ b)\Big|_{x=b=b^*}+V'(b^*;\ b^*)\Big]e^{-\Phi^\alpha_{\gamma+q}(x-b^*)}+$$

$$\frac{\Phi^\alpha_{\gamma+q}}{q+\gamma}\Big[qV(b^*;\ b^*)-\frac{\gamma}{q+\gamma}(\lambda\mu-c-\alpha)-\alpha\Big]e^{-\Phi^\alpha_{\gamma+q}(x-b^*)}+$$

$$\frac{\gamma}{q+\gamma}\left[\frac{\partial}{\partial b}V(x;\ b)\bigg|_{x=b=b^*}+V'(b^*;\ b^*)-1\right]=0,$$

结合式（4-39）与式（4-41）可得

$$V(b^*;\ b^*)=\frac{1}{q}\left[\frac{\gamma}{q+\gamma}(\lambda\mu-c-\alpha)+\alpha\right]-\frac{1}{\Phi_{\gamma+q}^{\alpha}}, \qquad (4-42)$$

将上式与式（4-19）结合，则可求得最优阈值水平 $b^*$ 的值；再利用定理4-2中的结果，则可给出 $V(x;\ b^*)$，$x\in[0,\infty)$ 的一般表达式。

# 第四节　对 $\Phi(x;\ b)$ 的分析

对于给定的分红阈值水平 $b\in[0,\infty)$，本节将研究破产时间的 Laplace 变换，即 $\Phi(x;\ b)$，我们将采用与第三节类似的方法给出 $\Phi$ 的表达式。为了在符号上更容易区分，我们令

$$\Phi(x;\ b)=\begin{cases}\Phi_1(x;\ b),\ 0\leqslant x\leqslant b\\ \Phi_2(x;\ b),\ b<x<\infty.\end{cases}$$

通过应用无穷小分析法，我们在下面的定理中给出 $\Phi(x;\ b)$ 满足的积分微分方程以及相应的边界条件。

**定理4-3**　$\Phi(x;\ b)$ 满足下面积分微分方程：

$$\frac{1}{2}\sigma^2\Phi''_1(x;b)-c\Phi'_1(x;b)-(\lambda+q)\Phi_1(x;b)+$$

$$\lambda\left[\int_0^{b-x}\Phi_1(x+y;b)\mathrm{d}F(y)+\int_{b-x}^{\infty}\Phi_2(x+y;b)\mathrm{d}F(y)\right]=0,x\in(0,b),$$

$$\qquad (4-43)$$

$$\frac{1}{2}\sigma^2\Phi''_2(x;b)-(c+\alpha)\Phi'_2(x;b)-(\lambda+q+\gamma)\Phi_2(x;b)+$$

$$\lambda \int_0^\infty \Phi_2(x+y;b)\,\mathrm{d}F(y) + \gamma\Phi_2(b;b) = 0, \quad x \in (b,\infty), \qquad (4-44)$$

对应的边界条件有 $\Phi_1(0;\ b) = 1$ 与 $\Phi_1(b.\ ;\ b) = \Phi_2(b+;\ b)$。

**证明** 对于 $x \in (0,\ b)$，通过考虑风险过程在无穷小时间间隔 $[0,\ \mathrm{d}t]$ 内是否会获得一份收入，可得

$$\Phi_1(x;\ b) = \mathbb{E}_x\big[\mathrm{e}^{-q\tau^b}\mathbf{1}_{\{\tau^b<\infty\}}\mathbf{1}_{\{\tau_1\leqslant \mathrm{d}t\}}\big] + \mathbb{E}_x\big[\mathrm{e}^{-q\tau^b}\mathbf{1}_{\{\tau^b<\infty\}}I(\tau_1>\mathrm{d}t)\big].$$

$$(4-45)$$

分别计算式（4-45）中的这两项，可得

$$\mathbb{E}_x\big[\mathrm{e}^{-q\tau^b}\mathbf{1}_{\{\tau^b<\infty\}}\mathbf{1}(\tau_1\leqslant \mathrm{d}t)\big] = \mathrm{e}^{-q\mathrm{d}t}(\tau_1\leqslant \mathrm{d}t)\times$$

$$\big\{\mathbb{E}\big[\mathbb{E}\big[\Phi_1(x-c\mathrm{d}t+\sigma W(\mathrm{d}t)+Y_1;\ b)\ |\ Y_1\in(0,\ b-x+c\mathrm{d}t-\sigma W(\mathrm{d}t))\big] +$$

$$\mathbb{E}\big[\Phi_2(x-c\mathrm{d}t+\sigma W(\mathrm{d}t)+Y_1;\ b)\ |\ Y_1\in(b-x+c\mathrm{d}t-\sigma W(\mathrm{d}t),\ \infty)\big]\big]\big\}$$

$$= \lambda \mathrm{d}t\left[\int_0^{b-x}\Phi_1(x+y;b)\,\mathrm{d}F(y) + \int_{b-x}^\infty\Phi_2(x+y;b)\,\mathrm{d}F(y)\right] + o(\mathrm{d}t),$$

$$(4-46)$$

$$\mathbb{E}_x\big[\mathrm{e}^{-q\tau^b}\mathbf{1}_{\{\tau^b<\infty\}}I(\tau_1>\mathrm{d}t)\big]$$

$$= \mathrm{e}^{-q\mathrm{d}t}\big\{\mathbb{P}(\tau_1>\mathrm{d}t)\mathbb{E}\big[\Phi_1(x-c\mathrm{d}t+\sigma W(\mathrm{d}t);\ b)\big]\big\}$$

$$= \big[1-q\mathrm{d}t+o(\mathrm{d}t)\big]\big[1-\lambda \mathrm{d}t+o(\mathrm{d}t)\big]\times$$

$$\left[\frac{1}{2}\sigma^2\Phi''_1(x;\ b)\mathrm{d}t - c\Phi'_1(x;\ b)\mathrm{d}t + \Phi_1(x;\ b) + o(\mathrm{d}t)\right]$$

$$= \Phi_1(x;\ b) + \left[\frac{1}{2}\sigma^2\Phi''_1(x;\ b) - c\Phi'_1(x;\ b) - (\lambda+q)\Phi_1(x;\ b)\right]\mathrm{d}t + o(\mathrm{d}t).$$

$$(4-47)$$

将式（4-46）~式（4-47）的结果代入式（4-45）并整理，两边同时除以 $\mathrm{d}t$，再令 $\mathrm{d}t\to 0$，则可得式（4-43）。

下面讨论当 $x \in (b,\ \infty)$ 的情形，利用与第三节中类似的方法讨论可得

$$\Phi_2(x;\ b) = \mathbb{E}_x\big[\mathrm{e}^{-q\tau^b}\mathbf{1}_{\{\tau^b<\infty\}}\big]$$

$$= \mathbb{E}_x \left[ e^{-q\tau^b} \mathbf{1}_{\{\tau^b < \infty\}} \mathbf{1}_{\{T_1 \leqslant dt, \tau_1 \leqslant dt\}} \right] + \mathbb{E}_x \left[ e^{-q\tau^b} \mathbf{1}_{\{\tau^b < \infty\}} \mathbf{1}_{\{T_1 \leqslant dt, \tau_1 > dt\}} \right] +$$

$$\mathbb{E}_x \left[ e^{-q\tau^b} \mathbf{1}_{\{\tau^b < \infty\}} \mathbf{1}_{\{T_1 > dt, \tau_1 \leqslant dt\}} \right] + \mathbb{E}_x \left[ e^{-q\tau^b} \mathbf{1}_{\{\tau^b < \infty\}} \mathbf{1}_{\{T_1 > dt, \tau_1 > dt\}} \right].$$

$$(4-48)$$

分别计算式（4-48）中的这四项，可得

$$\mathbb{E}_x \left[ e^{-q\tau b} \mathbf{1}_{\{\tau^b < \infty\}} \mathbf{1}_{\{T_1 \leqslant dt, \tau_1 > dt\}} \right]$$

$$= e^{-qdt} \mathbb{P}(\tau_1 > dt) \mathbb{P}(T_1 \leqslant dt) \Phi_2(b; b)$$

$$= \gamma \Phi_2(b; b) dt + o(dt). \qquad (4-49)$$

$$\mathbb{E}_x \left[ e^{-q\tau b} \mathbf{1}_{\{\tau^b < \infty\}} \mathbf{1}_{\{T_1 > dt, \tau_1 \leqslant dt\}} \right]$$

$$= e^{-qdt} \mathbb{P}(T_1 > dt) \mathbb{P}(\tau_1 \leqslant dt) \times$$

$$\mathbb{E}\{\Phi_2[x - (c+\alpha)dt + \sigma W(dt) + Y_1; b] \mid Y_1 \in (0, \infty)\}$$

$$= [1 - qdt + o(dt)][1 - \gamma dt + o(dt)] \times$$

$$[\lambda dt + o(dt)] \int_0^\infty \Phi_2(x + y; b) dF(y) + o(dt)$$

$$= \lambda dt \int_0^\infty \Phi_2(x + y; b) dF(y) + o(dt), \qquad (4-50)$$

$$\mathbb{E}_x \left[ e^{-q\tau b} \mathbf{1}_{\{\tau^b < \infty\}} \mathbf{1}_{\{T_1 \leqslant dt, \tau_1 \leqslant dt\}} \right] = o(dt), \qquad (4-51)$$

$$\mathbb{E}_x \left[ D_\alpha^b \mathbf{1}_{\{T_1 > dt, \tau_1 > dt\}} \right]$$

$$= e^{qdt} \mathbb{P}(T_1 > dt) \mathbb{P}(\tau_1 > dt) \mathbb{E}\{\Phi_2[x - (c+\alpha)dt + \sigma W(dt); b]\}$$

$$= [1 - qdt + o(dt)][1 - \gamma dt + o(dt)][1 - \lambda dt + o(dt)] \times$$

$$\left[ \frac{1}{2}\sigma^2 \Phi''_2(x; b) dt - (c+\alpha)\Phi'_2(x; b) dt + \Phi_2(x; b) + o(dt) \right]$$

$$= \Phi_2(x; b) + \left[ \frac{1}{2}\sigma^2 \Phi''_2(x; b) - (c+\alpha)\Phi'_2(x; b) - (\lambda + q + \gamma)\Phi_2(x; b) \right]$$

$$dt + o(dt). \qquad (4-52)$$

将式（4-49）~式（4-52）的结果代入式（4-48）并整理，两边同时除以 dt，再令 dt→0，即可得式（4-44）。

最后，我们来说明定理的边界条件。对于第一个边界条件，如果 $X(0) = 0$，则由定义可知破产会立刻发生，因此，$\Phi_1(0;\ b) = 1$。第二个边界条件可以用定理 4 – 1 中的类似方法来证明。定理证毕。

**注 4 – 5** 一般地，$\Phi(x;\ b)$ 在 $x = b$ 处可能不是二阶连续可微的。对于本章的混合分红策略的情况，通过式（4 – 43）与式（4 – 44）可知，$\Phi(x;\ b)$ 在 $x = b$ 处的一阶连续可微性（将在下一个定理中证明此结果）等价于

$$\frac{\sigma^2}{2}\Phi''_1(b-;\ b) = \frac{\sigma^2}{2}\Phi''_2(b+;\ b) - \alpha\Phi'(b;\ b),$$

这就是说，如果 $\Phi'(b;\ b) = 0$ 或者 $\alpha = 0$ 成立，则 $\Phi(x;\ b)$ 在 $x = b$ 处是二阶连续可微的。

接下来，我们将求解积分微分方程（4 – 43）与（4 – 44）以获得 $\Phi(x;\ b)$ 的一般表达式。值得一提的是，这些表达式也是通过第三节中引入的辅助函数构造出来的。

**定理 4 – 4** 对任意 $b \in [0,\ \infty)$，方程（4 – 43）～方程（4 – 44）的解存在且可唯一表示成

$$\Phi(x;\ b) = \frac{q}{\gamma+q}\Phi(b;\ b)Z_q(b-x,\ \Phi^\alpha_{\gamma+q}) + \frac{\gamma}{\gamma+q}\Phi(b;\ b)Z_q(b-x),\ x > 0,$$

$$(4 – 53)$$

其中，

$$\Phi(b;\ b) = \frac{\gamma+q}{\gamma Z_q(b) + qZ_q(b,\ \Phi^\alpha_{\gamma+q})}.\qquad(4 – 54)$$

特别地，$\Phi(x;\ b)$ 在 $x \in (0,\ \infty)$ 上是连续可微的。

**证明** 利用 Avanzi 等（2013）研究中的结果，我们可将式（4 – 44）的解设为

$$\Phi(x;\ b) = B_1 e^{-\Phi^\alpha_{\gamma+q}(x-b)} + B_2,\quad x \in (b,\ \infty),\qquad(4 – 55)$$

其中，$\Phi^\alpha_{\gamma+q}$ 是将式（4 – 17）中的 $q$ 用 $\gamma+q$ 替换后所得方程的最大解，$B_1$，$B_2$

是待确定的未知常数。将式(4-55)代入到式(4-44)，整理后可得

$$\gamma B_1 - q B_2 = 0, \quad x \in (b, \infty). \tag{4-56}$$

此外，在式 (4-55) 中，令 $x \downarrow b$，并利用 $\Phi$ 在 $x = b$ 处的连续性可得

$$\Phi(b; b) = B_1 + B_2. \tag{4-57}$$

求解方程组 (4-56) 和 (4-57)，则有

$$B_1 = \frac{q}{q+\gamma} \Phi(b; b), \tag{4-58}$$

$$B_2 = \frac{\gamma}{q+\gamma} \Phi(b; b). \tag{4-59}$$

因此，式 (4-55) 可以重新写成

$$\Phi(x; b) = \frac{q}{q+\gamma} \Phi(b; b) e^{-\Phi_{\gamma+q}^{\alpha}(x-b)} + \frac{\gamma}{q+\gamma} \Phi(b; b), \quad x \in (b, \infty). \tag{4-60}$$

即式(4-53)成立。

下面我们来证明式(4-43)，这里仍采用的是 Laplace 逆变换的方法。为此，对于由式(4-60)给出的 $\Phi$，考虑以下积分微分方程：

$$\frac{1}{2}\sigma^2 \varphi''(x) - c\varphi'(x) - (\lambda+q)\varphi(x) + \lambda \left[ \int_0^{b-x} \varphi(x+y)\mathrm{d}F(y) + \right.$$

$$\left. \int_{b-x}^{\infty} \Phi(x+y; b)\mathrm{d}F(y) \right] = 0, x \in (-\infty, b), \tag{4-61}$$

式(4-61)的一个解 $\varphi$，其满足 $\varphi\big|_{[0,b]} \equiv \Phi(x; b)$，即 $\varphi$ 限制在 $[0, b]$ 上与 $\Phi(\cdot; b)$ 一致。令

$$m(x) = \int_{b-x}^{\infty} \Phi(x+y; b)\mathrm{d}F(y), \quad x \in (-\infty, b),$$

可以证明

$$\mathcal{L}(m)(s) := \int_{-\infty}^{b} e^{sx} m(x)\mathrm{d}x$$

$$= e^{sb} \int_0^\infty e^{-sz} \int_z^\infty \Phi(b - z + y; b) \, dF(y) \, dz$$

$$= e^{sb} \int_0^\infty e^{-sz} \int_z^\infty \left[ B_1 e^{\Phi_{\gamma+q}^\alpha (z-y)} + B_2 \right] dF(y) \, dz$$

$$= e^{sb} \varphi(b) \left[ \frac{\hat{F}(s) - \hat{F}(\Phi_{\gamma+q}^\alpha)}{\Phi_{\gamma+q}^\alpha - s} \frac{q}{q + \gamma} + \frac{1 - \hat{F}(s)}{s} \frac{\gamma}{q + \gamma} \right], s > \Phi_{\gamma+q}^\alpha.$$

$$(4-62)$$

再令 $\mathcal{L}(\varphi)(s): = \int_{-\infty}^b e^{sx} \varphi(x) \, dx, s > \Phi_{\gamma+q}^\alpha$ ，易知

$$\mathcal{L}(\varphi')(s) = e^{sb} \varphi(b) - s\mathcal{L}(\varphi)(s),$$

$$\mathcal{L}(\varphi'')(s) = e^{sb} \varphi'(b) - s[e^{sb} \varphi(b) - s\mathcal{L}(\varphi)(s)],$$

且

$$\int_{-\infty}^b e^{sx} \int_0^{b-x} \varphi(x + y) \, dF(y) \, dx = e^{sb} \int_0^\infty e^{sx} \int_0^x \varphi(b - x + y) \, dF(y) \, dx$$

$$= e^{sb} \int_0^\infty dF(y) \int_y^\infty e^{-sx} \varphi(b - x + y) \, dx$$

$$= \mathcal{L}(\varphi)(s) \hat{F}(s).$$

因此，式（4-61）的两边同时乘以 $e^{sx}$，然后在（$-\infty$，$b$）上对 $x$ 积分可得

$$\mathcal{L}(\varphi)(s) = \frac{\frac{1}{2}\sigma^2 e^{sb} [-\varphi'(b) + s\varphi(b)] + ce^{sb}\varphi(b) - \lambda\mathcal{L}(m)(s)}{\psi_0(s) - q}, \quad s > \Phi_{\gamma+q}^\alpha,$$

$$(4-63)$$

把前面结果代入上式，重新整理可得

$$\mathcal{L}(\varphi)(s) = \frac{e^{sb}}{\psi_0(s) - q} \left\{ -\frac{1}{2}\sigma^2\varphi'(b) + \left( \frac{1}{2}\sigma^2 s + c \right)\Phi(b; b) - \right.$$

$$\lambda\Phi(b; b) \left[ \frac{\hat{F}(s) - \hat{F}(\Phi_{\gamma+q}^\alpha)}{\Phi_{\gamma+q}^\alpha - s} \frac{q}{q + \gamma} + \frac{1 - \hat{F}(s)}{s} \frac{\gamma}{q + \gamma} \right] \right\}$$

$$= \frac{e^{sb}}{\psi_0(s) - q} \left[ -\frac{1}{2}\sigma^2\varphi'(b) + \frac{q}{q + \gamma}\Phi(b; b) \right.$$

$$\left( \frac{\lambda(\hat{F}(s) - \hat{F}(\Phi^\alpha_{\gamma+q}))}{s - \Phi^\alpha_{\gamma+q}} + \frac{1}{2}\sigma^2 s + c \right) +$$

$$\frac{\gamma}{\gamma+q}\Phi(b;\ b)\left( \frac{1}{2}\sigma^2 s + c - \frac{\lambda(1 - \hat{F}(s))}{s} \right) \Bigg]$$

$$= \frac{e^{sb}}{\psi_0(s) - q}\left\{ \left[ \frac{q}{\gamma+q}\frac{\psi_0(s) - q + \alpha\Phi^\alpha_{\gamma+q} - \gamma}{s - \Phi^\alpha_{\gamma+q}} + \frac{\gamma}{\gamma+q}\frac{\psi_0(s)}{s} \right]\Phi(b;\ b) - \right.$$

$$\left. \frac{1}{2}\sigma^2\varphi'(b) - \frac{1}{2}\sigma^2\frac{q}{\gamma+q}\Phi(b;\ b)\Phi^\alpha_{\gamma+q} \right\},\ s > \Phi^\alpha_{\gamma+q}. \qquad (4-64)$$

将上式与式 (4-29) 结合可得

$$\varphi(x) = -\frac{1}{2}\sigma^2\left[ \varphi'(b) + \frac{q}{\gamma+q}\Phi(b;\ b)\Phi^\alpha_{\gamma+q} \right]W_q(b-x) +$$

$$\left[ \frac{q}{\gamma+q}Z_q(b-x,\ \Phi^\alpha_{\gamma+q}) + \frac{\gamma}{\gamma+q}Z_q(b-x) \right]\Phi(b;\ b). \qquad (4-65)$$

再利用边界条件 $\varphi(0) = \Phi(0;\ b) = 1$,则有

$$\varphi'(b) = -\frac{q}{\gamma+q}\Phi(b;\ b)\Phi^\alpha_{\gamma+q} + \frac{2}{\sigma^2}\frac{\Phi(b;\ b)\left[ \frac{q}{\gamma+q}Z_q(b,\ \Phi^\alpha_{\gamma+q}) + \frac{\gamma}{\gamma+q}Z_q(b) \right] - 1}{W_q(b)},$$

结合式 (4-65),则对 $x \in (0,\ b)$ 有

$$\Phi(x;\ b) = \varphi(x) = \left[ \frac{q}{\gamma+q}Z_q(b-x,\ \Phi^\alpha_{\gamma+q}) + \frac{\gamma}{\gamma+q}Z_q(b-x) \right]\Phi(b;\ b) -$$

$$\frac{Wq(b-x)}{W_q(b)}\left\{ \Phi(b;\ b)\left[ \frac{q}{\gamma+q}Z_q(b,\ \Phi^\alpha_{\gamma+q}) + \frac{\gamma}{\gamma+q}Z_q(b) \right] - 1 \right\}.$$

$$(4-66)$$

另外,我们发现可以将 $\varphi_1(x) = \left[ \frac{q}{\gamma+q}Z_q(b-x,\ \Phi^\alpha_{\gamma+q}) + \frac{\gamma}{\gamma+q}Z_q(b-x) \right]\Phi(b;$

$b),\ x \in (\infty,\ b)$ 的 Laplace 变换重新写成

$$\mathcal{L}(\varphi_1)(s) = \frac{e^{sb}}{\psi_0(s) - q}\left[ \frac{q}{\gamma+q}\frac{\psi_0(s) - q + \alpha\Phi^\alpha_{\gamma+q} - \gamma}{s - \Phi^\alpha_{\gamma+q}} + \frac{\gamma}{\gamma+q}\frac{\psi_0(s)}{s} \right]\Phi(b;\ b)$$

$$= \frac{e^{sb}}{\psi_0(s) - q}\left[ -\frac{1}{2}\sigma^2\varphi'_1(b) - \frac{1}{2}\sigma^2\frac{\gamma}{\gamma+q}\Phi(b;\ b)\Phi^\alpha_{\gamma+q} + \right.$$

$$\left[\frac{q}{\gamma+q}\frac{\psi_0(s)-q+\alpha\Phi_{\gamma+q}^{\alpha}-\gamma}{s-\Phi_{\gamma+q}^{\alpha}}+\frac{\gamma}{\gamma+q}\frac{\psi_0(s)}{s}\right]\Phi(b;\ b)\right\}$$

$$=\frac{\frac{1}{2}\sigma^2 e^{sb}[-\varphi'_1(b)+s\varphi_1(b)]+ce^{sb}\varphi_1(b)-\lambda\mathcal{L}(m)(s)}{\psi_0(s)-q},\ s>\Phi_{\gamma+q}^{\alpha},$$

$$(4-67)$$

这里，我们同时用到了式（4-29），$\varphi_1(b)=\Phi(b;\ b)=\varphi(b)$以及$-\varphi'_1(b)=\frac{q}{\gamma+q}\Phi(b;\ b)\Phi_{\gamma+q}^{\alpha}$的结果。再根据式（4-63）与式（4-67）可知，$\varphi(x)$与$\varphi_1(x)$限制在$(0,\ b)$上都是式（4-43）的解，则必有

$$\varphi(x)-\varphi_1(x)=-\frac{W_q(b-x)}{W_q(b)}\left\{\Phi(b;\ b)\left[\frac{q}{\gamma+q}Z_q(b,\ \Phi_{\gamma+q}^{\alpha})+\frac{\gamma}{\gamma+q}Z_q(b)\right]-1\right\},$$

$x\in(0,\ b)$，也是式（4-43）的一个解。使用定理4-2类似的讨论，可以证明$W_q(b-x)$一定不是式（4-43）的一个解。因此，$\varphi(x)-\varphi_1(x)$必然是式（4-43）的一个退化解，于是有

$$\varphi(x)-\varphi_1(x)\equiv0,$$

$$\Phi(b;\ b)\left[\frac{q}{\gamma+q}Z_q(b,\ \Phi_{\gamma+q}^{\alpha})+\frac{\gamma}{\gamma+q}Z_q(b)\right]-1=0,$$

相互等价，结合式（4-66），则可推得式（4-53）与式（4-54）。对于解的存在性和唯一性，可以直接用类似于定理4-2中的方法进行证明，定理证毕。

**注4-6** 定理4-4的证明始于我们利用Avanzi等（2013）研究中的结果对当$x>b$时$\Phi$的解的形式公式（4-55）的设定，其解释与注4-2类似。此外，使用与注4-3类似的分析，也可以验证公式（4-53）中的结果，此处省略其验证的过程。

最后，我们来讨论破产概率，即$\Phi(x;\ b)$在$q=0$时的特殊情形。我们将其定义为

$$\psi(x;\ b)=\mathbb{P}[\tau^b<\infty\mid X(0)=x].$$

$$(4-68)$$

在定理 4 - 4 中，令 $q \downarrow 0$，我们可以得到下面关于破产概率的简洁结果。

**推论 4 - 1**　给定 $b \in [0, \infty)$，破产概率 $\psi(x; b)$ 在 $x \in (0, \infty)$ 上是连续可微的，且可唯一表示成

$$\psi(x; b) = \frac{Z(b-x)}{Z(b)}, \quad x > 0. \tag{4-69}$$

## 第五节　主要结果的数值解

在本节中，我们提供一些数值示例来说明第三节与第四节中给出的理论结果。为了获得 $V(x; b)$ 与 $\Phi(x; b)$ 的显示表达式，只需给出第三节中所定义的辅助尺度函数 $\overline{W}_q(x)$，$Z_q(x)$，$\overline{Z}_q(x)$ 以及 $Z_q(x, \Phi_{\gamma+q}^{\alpha})$ 的一般表达式即可。下面我们讨论当每次随机收入的分布具有有理函数形式的 Laplace 变换时，上述这些尺度函数的一般表达式，并由此给出 $V(x; b)$ 与 $\Phi(x; b)$ 的一般表达式。不失一般性，我们假设随机收入分布的 Laplace 变换 $\hat{F}(s)$ 具有的形式为

$$\hat{F}(s) = P(s)/Q(s),$$

其中，$P(s)$ 与 $Q(s)$ 分别是关于 $s$ 的 $m$ 次、$n$ 次 $(m < n)$ 多项式；且分母 $Q(s)$ 的最高次项中 $s^n$ 的系数为 1。利用与 Avram 等的研究中（2004）类似的方法，$W_q(x)$ 可表示为

$$W_q(x) = \sum_{j=1}^{n+2} D_j(q) e^{\theta_j(q)x}, x \geq 0, \tag{4-70}$$

$$D_j(q) = \frac{Q[\theta_j(q)]}{\frac{1}{2}\sigma^2 \prod_{i=1, i\neq j}^{n+2} [\theta_j(q) - \theta_i(q)]}. \tag{4-71}$$

这里，$\theta_j(q)$ $(j = 1, 2, \cdots, n+2)$ 为 $(n+2)$ 次多项式 $Q(s)(\psi_0(s) -$

$q$）的所有的根（假定这些根各不相同）。根据第三节中我们引入的定义，这些辅助"尺度"函数 $\overline{W}_q(x)$，$Z_q(x)$，$\overline{Z}_q(x)$ 以及 $Z_q(x, \Phi_{\gamma+q}^\alpha)$ 的表达式如下：

$$\overline{W}_q(x) = \sum_{j=1}^{n+2} \frac{D_j(q)(e^{\theta_j(q)x} - 1)}{\theta_j(q)}, \qquad (4-72)$$

$$Z_q(x) = 1 + q\sum_{j=1}^{n+2} \frac{D_j(q)(e^{\theta_{j(q)x}} - 1)}{\theta_j(q)}, \qquad (4-73)$$

$$\overline{Z}_q(x) = x + q\sum_{j=1}^{n+2} \frac{D_j(q)[e^{\theta_j(q)x} - 1 - \theta_j(q)x]}{[\theta_j(q)]^2}, \qquad (4-74)$$

$$Z_q(x, \Phi_{\gamma+q}^\alpha) = e^{\Phi_{\gamma+q}^\alpha x} + (\gamma - \alpha\Phi_{\gamma+q}^\alpha)\sum_{j=1}^{n+2} \frac{D_j(q)[e^{\theta_j(q)x} - e^{\Phi_{\gamma+q}^\alpha x}]}{\theta_j(q) - \Phi_{\gamma+q}^\alpha}. \qquad (4-75)$$

注意，当 $x \geq b$ 时，$V$ 与 $\Phi$ 的表达式已经分别由式（4-24）与式（4-60）给出。而当 $0 < x < b$ 时，将式（4-72）~式（4-75）的结果代入式（4-18）和式（4-53），可得

$$V(x;b) = \frac{\alpha q + \gamma(\lambda\mu - c)}{(\gamma + q)^2} \times \left\{ q\sum_{j=1}^{n+2} \frac{D_j(q)[e^{\theta_j(q)(b-x)} - 1]}{\theta_j(q)} + 1 - e^{\Phi_{\gamma+q}^\alpha(b-x)} - \right.$$

$$\left. (\gamma - \alpha\Phi_{\gamma+q}^\alpha)\sum_{j=1}^{n+2} \frac{D_j(q)[e^{\theta_j(q)(b-x)} - e^{\Phi_{\gamma+q}^\alpha(b-x)}]}{\theta_j(q) - \Phi_{\gamma+q}^\alpha} \right\} +$$

$$\left\{ \gamma + \gamma q\sum_{j=1}^{n+2} \frac{D_j(q)[e^{\theta_j(q)(b-x)} - 1]}{\theta_j(q)} + qe^{\Phi_{\gamma+q}^\alpha(b-x)} + q(\gamma - \alpha\Phi_{\gamma+q}^\alpha) \right.$$

$$\left. \sum_{j=1}^{n+2} \frac{D_j(q)[e^{\theta_j(q)(b-x)} - e^{\Phi_{\gamma+q}^\alpha(b-x)}]}{\theta_j(q) - \Phi_{\gamma+q}^\alpha} \right\} \times$$

$$\frac{1}{(\gamma + q)[\gamma Z_q(b) + qZ_q(b, \Phi_{\gamma+q}^\alpha)]} \left\{ \gamma[\overline{Z}_q(b) + (\lambda\mu - c)\overline{W}_q(b)) - \right.$$

$$\left. \left[ \alpha + \frac{\gamma(\lambda\mu - c - \alpha)}{\gamma + q} \right][Z_q(b) - Z_q(b, \Phi_{\gamma+q}^\alpha)] \right\} -$$

$$\frac{\gamma}{\gamma + q}\left\{ x + (\lambda\mu - c)\sum_{j=1}^{n+2} \frac{D_j(q)[e^{\theta_j(q)(b-x)} - 1]}{\theta_j(q)} + \right.$$

$$q \sum_{j=1}^{n+2} \frac{D_j(q) \left[ e^{\theta_j(q)(b-x)} - 1 - \theta_j(q)(b-x) \right]}{\left[ \theta_j(q) \right]^2} \Bigg\},$$

$$\Phi(x;b) = \frac{1}{\gamma Z_q(b) + q Z_q(b, \Phi_{\gamma+q}^{\alpha})} \times$$

$$\left\{ \gamma + \gamma q \sum_{j=1}^{n+2} \frac{D_j(q) \left[ e^{\theta_j(q)(b-x)} - 1 \right]}{\theta_j(q)} + q e^{\Phi_{\gamma+q}^{\alpha}(b-x)} + \right.$$

$$\left. q(\gamma - \alpha \Phi_{\gamma+q}^{\alpha}) \sum_{j=1}^{n+2} \frac{D_j(q) \left[ e^{\theta_j(q)(b-x)} - e^{\Phi_{\gamma+q}^{\alpha}(b-x)} \right]}{\theta_j(q) - \Phi_{\gamma+q}^{\alpha}} \right\}.$$

现在，我们提供一些数值示例来说明前面给出的结果。考虑单独收入大小服从以下三种分布的情形：①两个参数分别为 2 和 0.8 的混合指数分布；②参数为 1 的指数分布；③两个参数都为 2 的伽马分布。$F_{Y_i}(i=1,2,3)$ 给出如下公式：

$$\hat{F}_{Y_1}(s) = \frac{1}{3} \frac{2}{2+s} + \frac{2}{3} \frac{0.8}{0.8+s},$$

$$\hat{F}_{Y_2}(s) = \frac{1}{1+s},$$

$$\hat{F}_{Y_3}(s) = \left( \frac{2}{2+s} \right)^2.$$

注意到这三个分布具有相同的均值 1 和递减的方差（即 1.25 > 1 > 0.5）。值得一提的是，Avanzi 等（2014）在研究单独定期分红策略时也考虑过这三个例子。此外，除非另有说明，我们都使用以下参数的取值：$q = 0.05$，$\sigma = 1$，$\lambda = 1$ 以及 $c = 0.5$（给定的 $\lambda$ 与 $c$ 的取值可以使单位时间的预期收益为正，即 $\lambda\mu - c = 0.5 > 0$）。

现在，我们开始分析支付给公司的破产之前总红利期望现值的数值解。在表 4-1 ~ 表 4-3 中，我们列出了当初始盈余金 $x = 1, 3, 5, 6, 8, 10$ 以及阈值水平 $b = 0.8, 1.6, \cdots, 8$ 时，$V(x;b)$ 的确切值。首先，我们观察到，对于每个固定的 $b$，$V(x;b)$ 的值都随着初始盈余金的增加而增加，这与我们直觉上的理解是一致的：较小的初始盈余金意味着盈余过程的破产时间可能来得更早，因此，支付的总红利期望现值应该较小；而当初始盈余金较大时，盈余过程更容易超过水平 $b$，因此，公司在整个运行过程内应该支付更多可能的预期红利。此外，从表 4-1 ~ 表 4-3 还可以看出，对于固定的 $x$，$V(x;b)$ 不是 $b$ 的单调函数。于是在图 4-2 中，我们绘制了当 $x=3$，$b$，6，8 时 $V(x;b)$ 的曲线。很容易看到，对于每个给定的 $x$，$V(x;b)$ 是 $b$ 的凹函数，这与 Zhang 和 Han（2017）的讨论是一致的。因此，根据图 4-2 中 $V(x;b)$ 关于 $b$ 是凹函数这个特点，我们可以尝试找到最优阈值水平 $b^*$，该阈值可以通过式（4-19）与式（4-42）进行数值求解。我们在表 4-1 ~ 表 4-3 中以粗体显示了这三种情况的最优阈值水平，即 $b^*=5.0145$，$b^*=4.9605$ 以及 $b^*=4.8068$。有一点值得注意，即对于固定的收入分布，其对应的 $b^*$ 不取决于初始盈余金，因此，$b^*$ 的值在每个表中都是相同的，但是在不同的表中（即在不同的单独随机收入分布条件下），其值会有所不同。

接下来，我们来说明混合分红策略的两个参数 $\gamma$ 与 $\alpha$ 对最优阈值水平 $b^*$ 以及 $V(x;b^*)$ 的影响。根据式（4-19）与式（4-42），我们知道 $b^*$ 是关于 $\gamma$ 的函数，于是在图 4-3 中，对于给定连续分红率 $\alpha=0.1$ 与初始资本金 $x=3$，我们分别作出最优阈值水平 $b^*(\gamma)$ 与 $V[3;b^*(\gamma)]$ 关于变量 $\gamma$（其中 $\gamma \in (0, 5]$）的函数图像。从图 4-3 中可以看出，$b^*(\gamma)$ 与 $V[3, b^*(\gamma)]$ 关于 $\gamma$ 都是增的。事实上，当 $\gamma$ 的值增加时，会更频繁地出现定期分红，这会导致较高的最优阈值水平。另外，从式（4-19）与式（4-42）还可以看出 $b^*$ 是关于 $\alpha$ 的函数，于是在图 4-4 中，对于固定的 $\gamma=1$ 以及初始资本金 $x=3$，我们分别作出最优阈值水平 $b^*(\alpha)$ 与 $V[3;b^*(\alpha)]$ 关于变量 $\alpha$（其中 $\alpha \in (0, 5]$）的函数图像。从此图我们可以看出 $b^*(\alpha)$ 与 $V[3, b^*(\alpha)]$ 关于 $\alpha$ 都是递增的。此外，我们还可以观察到另一个结果，当 $\alpha \downarrow 0$ 时，混合策略退化为定

期分红策略，因此，$b^*(\alpha)\big|_{\alpha\downarrow0}$的值（即图4-4中$b^*(\alpha)$与纵轴的交点）可被看成定期分红策略下的最优屏障红利水平。

表4-1　随机收入服从混合指数分布$F_{Y_1}(y)=1-\dfrac{1}{3}e^{-2y}-\dfrac{2}{3}e^{-\frac{4}{5}y}$的情形，

当初始盈余金$x=1;\ 3;\ 5;\ 6;\ 8;\ 10$且阈值水平$b=0.8,\ 1.6,\ \cdots,\ 8.0$时，

对应$V(x;\ b)$的精确值

| $V(x;\ b)$ | $b=0.8$ | $b=1.6$ | $b=2.4$ | $b=3.2$ | $b=4.0$ | $b=4.8$ | $b=5.0145$ | $b=5.6$ | $b=6.4$ | $b=7.2$ | $b=8.0$ |
|---|---|---|---|---|---|---|---|---|---|---|---|
| $x=1$ | 1.6855 | 2.1189 | 2.4807 | 2.7527 | 2.9188 | 2.9841 | 2.9868 | 2.9685 | 2.8961 | 2.7882 | 2.6607 |
| $x=3$ | 3.8696 | 4.6341 | 5.4191 | 6.0455 | 6.4169 | 6.5611 | 6.5672 | 6.5268 | 6.3676 | 6.1303 | 5.8499 |
| $x=5$ | 5.7959 | 6.5869 | 7.4236 | 8.1400 | 8.6178 | 8.8160 | 8.8244 | 8.7693 | 8.5544 | 8.2351 | 7.8583 |
| $x=6$ | 6.7495 | 7.5422 | 8.3819 | 9.1038 | 9.5895 | 9.7951 | 9.8042 | 9.7422 | 9.4981 | 9.1415 | 8.7226 |
| $x=8$ | 8.6548 | 9.4480 | 10.2888 | 11.0126 | 11.5012 | 11.7093 | 11.7186 | 11.6539 | 11.3847 | 10.9612 | 10.4452 |
| $x=10$ | 10.5596 | 11.3529 | 12.1938 | 12.9177 | 13.4064 | 13.6148 | 13.6241 | 13.5592 | 13.2880 | 12.8565 | 12.3137 |

表4-2　随机收入服从指数分布$F_{Y_2}(y)=1-e^{-y}$的情形，当初始盈余金$x=1;\ 3;\ 5;\ 6;$

$8;\ 10$且阈值水平$b=0.8,\ 1.6,\ \cdots,\ 8.0$时，对应$V(x;\ b)$的精确值

| $V(x;\ b)$ | $b=0.8$ | $b=1.6$ | $b=2.4$ | $b=3.2$ | $b=4$ | $b=4.8$ | $b=4.9605$ | $b=5.6$ | $b=6.4$ | $b=7.2$ | $b=8$ |
|---|---|---|---|---|---|---|---|---|---|---|---|
| $x=1$ | 1.6956 | 2.1452 | 2.5259 | 2.8121 | 2.9841 | 3.0480 | 3.0496 | 3.0264 | 2.9461 | 2.8301 | 2.6952 |
| $x=3$ | 3.8792 | 4.6634 | 5.4732 | 6.1191 | 6.4979 | 6.6373 | 6.6409 | 6.5902 | 6.4154 | 6.1628 | 5.8691 |
| $x=5$ | 5.8049 | 6.6153 | 7.4760 | 8.2103 | 8.6921 | 8.8809 | 8.8859 | 8.8173 | 8.5828 | 8.2448 | 7.8518 |
| $x=6$ | 6.7585 | 7.5704 | 8.4342 | 9.1736 | 9.6629 | 9.8583 | 9.8636 | 9.7871 | 9.5222 | 9.1458 | 8.7097 |
| $x=8$ | 8.6637 | 9.4762 | 10.3410 | 11.0822 | 11.5741 | 11.7718 | 11.7772 | 11.6976 | 11.4069 | 10.9634 | 10.4301 |
| $x=10$ | 10.5685 | 11.3810 | 12.2459 | 12.9873 | 13.4794 | 13.6773 | 13.6827 | 13.6027 | 13.3102 | 12.8587 | 12.2991 |

表 4-3   随机收入服从伽马分布 $F_{Y_3}(y) = 1 - (2y+1)e^{-2y}$ 的情形，

当初始盈余金 $x = 1$；$3$；$5$；$6$；$8$；$10$ 且阈值水平 $b = 0.8, 1.6, \cdots, 8.0$ 时，

对应 $V(x; b)$ 的精确值

| $V(x; b)$ | $b=0.8$ | $b=1.6$ | $b=2.4$ | $b=3.2$ | $b=4.0$ | $b=4.8$ | $b=4.8068$ | $b=5.6$ | $b=6.4$ | $b=7.2$ | $b=8.0$ |
|---|---|---|---|---|---|---|---|---|---|---|---|
| $x=1$ | 1.7282 | 2.2301 | 2.6679 | 2.9927 | 3.1770 | 3.2321 | 3.2321 | 3.1907 | 3.0874 | 2.9493 | 2.7951 |
| $x=3$ | 3.9103 | 4.7577 | 5.6431 | 6.3422 | 6.7340 | 6.8509 | 6.8509 | 6.7632 | 6.5440 | 6.2514 | 5.9245 |
| $x=5$ | 5.8343 | 6.7066 | 7.6409 | 8.4232 | 8.9079 | 9.0615 | 9.0615 | 8.9448 | 8.6550 | 8.2680 | 7.8356 |
| $x=6$ | 6.7877 | 7.6614 | 8.5983 | 9.3852 | 9.8762 | 10.0342 | 10.0342 | 9.9060 | 9.5821 | 9.1533 | 8.6747 |
| $x=8$ | 8.6928 | 9.5670 | 10.5048 | 11.2932 | 11.7862 | 11.9457 | 11.9457 | 11.8133 | 11.4620 | 10.9648 | 10.3876 |
| $x=10$ | 10.5976 | 11.4718 | 12.4097 | 13.1982 | 13.6914 | 13.8509 | 13.8510 | 13.7182 | 13.3650 | 12.8604 | 12.2583 |

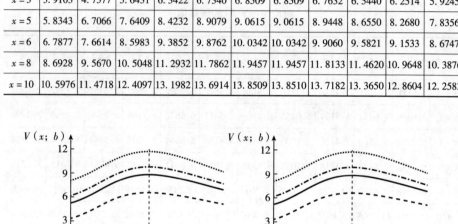

（a）分布为 $F_{Y_1}(y)$ 的情形          （b）分布为 $F_{Y_2}(y)$ 的情形

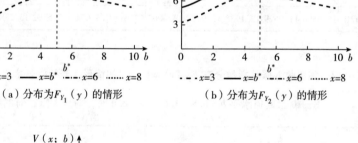

（c）分布为 $F_{Y_3}(y)$ 的情形

图 4-2   当 $x = 3$，$b^*$，$6$，$8$ 时，$V(x; b)$ 关于 $b$ 的变化趋势图

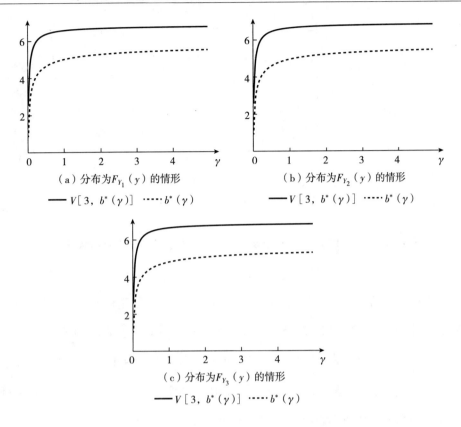

（a）分布为$F_{Y_1}(y)$的情形　　　　（b）分布为$F_{Y_2}(y)$的情形

—— $V[3,\ b^*(\gamma)]$　⋯⋯ $b^*(\gamma)$　　　—— $V[3,\ b^*(\gamma)]$　⋯⋯ $b^*(\gamma)$

（c）分布为$F_{Y_3}(y)$的情形

—— $V[3,\ b^*(\gamma)]$　⋯⋯ $b^*(\gamma)$

**图 4-3　当 $\alpha=0.1$ 时，$b^*(\gamma)$ 以及 $V[3,\ b^*(\gamma)]$ 关于 $\gamma$ 的变化趋势图**

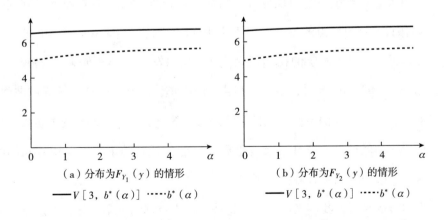

（a）分布为$F_{Y_1}(y)$的情形　　　　（b）分布为$F_{Y_2}(y)$的情形

—— $V[3,\ b^*(\alpha)]$　⋯⋯ $b^*(\alpha)$　　　—— $V[3,\ b^*(\alpha)]$　⋯⋯ $b^*(\alpha)$

**图 4-4　当 $\gamma=1$ 时，$b^*(\alpha)$ 以及 $V[3,\ b^*(\alpha)]$ 关于 $\alpha$ 的变化趋势图**

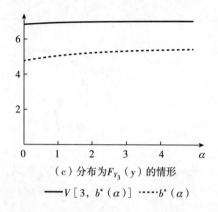

(c) 分布为 $F_{Y_3}(y)$ 的情形

——— $V[3, b^*(\alpha)]$ ······ $b^*(\alpha)$

**图 4 - 4 当 $\gamma = 1$ 时，$b^*(\alpha)$ 以及 $V[3, b^*(\alpha)]$ 关于 $\alpha$ 的变化趋势图(续)**

下面我们给出破产时刻的 Laplace 变换的数值解。我们在表 4 - 4 ~ 表 4 - 6 中列出了当初始盈余金 $x = 1, 3, 5, 6, 8, 10, 500$ 以及阈值水平 $b = 0.8, 1.6, \cdots$，8 时 $\Phi(x; b)$ 的精确数值。从这些表中我们可以看到，对于固定的 $b$，$\Phi$ 关于 $x$ 是递减的，这可以直观地解释为，当 $x$ 值较大时，盈余过程将更有可能保持在较高的水平，从而使破产时间更有可能被延迟。此外，我们还可以观察到，当 $x \to \infty$ 时，$\Phi$ 收敛到一个(非零)常数。事实上，即使预先给定的初始盈余金 $(x > b)$ 再大，只要第一个定期分红的时间到来，盈余值就会立即下降到阈值水平 $b$(假设在该时间点的盈余金仍不小于 $b$)，因此，当 $x \to \infty$ 时，$\Phi$ 的值趋于常数。另外，对于固定的初始盈余金 $x$，我们发现 $\Phi(x; b)$ 随 $b$ 递减。于是，当 $x = 3, b^*, 6, 8$ 时，我们在图 4 - 5 中作出了 $\Phi(x; b)$ 关于 $b$ 的曲线。这里 $\Phi(x; b)$ 关于 $b$ 的单调递减性与我们通常的直觉一致，即 $b$ 的值越大，支付的期望红利就越少，于是盈余过程更有可能在较高的水平上停留较长的时间，因此，破产时刻更有可能被延迟。

在本节的最后，我们来解释所有这些表格中数据的一个有意思的现象。分别比较表 4 - 1 ~ 表 4 - 3 和表 4 - 4 ~ 表 4 - 6 中相同位置对应的取值，可以看

到 $V(x; b)$ 的值一直在减小，而 $\Phi(x; b)$ 的值却在增加。事实上，在这几个例子中我们可以看到，尽管随机收入分布的均值是相同的，但是其方差却是递减的。在均值相同的情况下，由于较大的波动可能引起较高的风险，因此，具有较大方差的随机收入变量对应的破产时间很可能会更早。

表 4 - 4 随机收入服从混合指数分布 $F_{Y_1}(y) = 1 - \dfrac{1}{3}e^{-2y} - \dfrac{2}{3}e^{-\frac{4}{5}y}$ 的情形，

当初始盈余金 $x = 1$，3，5，6，8，10，500 且阈值水平 $b = 0.8$，1.6，$\cdots$，8.0 时，

对应 $\Phi(x; b)$ 的精确值

| $\Phi(x; b)$ | $b=0.8$ | $b=1.6$ | $b=2.4$ | $b=3.2$ | $b=4$ | $b=4.8$ | $b=5.0145$ | $b=5.6$ | $b=6.4$ | $b=7.2$ | $b=8$ |
|---|---|---|---|---|---|---|---|---|---|---|---|
| $x=1$ | 0.9177 | 0.8604 | 0.8055 | 0.7552 | 0.7130 | 0.6803 | 0.6732 | 0.6566 | 0.6400 | 0.6289 | 0.6216 |
| $x=3$ | 0.8861 | 0.7848 | 0.6654 | 0.5496 | 0.4554 | 0.3833 | 0.3674 | 0.3309 | 0.2946 | 0.2702 | 0.2541 |
| $x=5$ | 0.8837 | 0.7788 | 0.6515 | 0.5188 | 0.3972 | 0.2977 | 0.2756 | 0.2256 | 0.1765 | 0.1436 | 0.1220 |
| $x=6$ | 0.8836 | 0.7785 | 0.6506 | 0.5169 | 0.3932 | 0.2897 | 0.2660 | 0.2102 | 0.1543 | 0.1176 | 0.0936 |
| $x=8$ | 0.8835 | 0.7783 | 0.6503 | 0.5163 | 0.3918 | 0.2869 | 0.2626 | 0.2045 | 0.1434 | 0.0999 | 0.0704 |
| $x=10$ | 0.8835 | 0.7783 | 0.6503 | 0.5162 | 0.3917 | 0.2866 | 0.2623 | 0.2041 | 0.1426 | 0.0983 | 0.0673 |
| $x=500$ | 0.8835 | 0.7783 | 0.6503 | 0.5162 | 0.3917 | 0.2866 | 0.2623 | 0.2041 | 0.1425 | 0.0982 | 0.0671 |

表 4 - 5 随机收入服从指数分布 $F_{Y_2}(y) = 1 - e^{-y}$ 的情形，当初始盈余金

$x = 1$，3，5，6，8，10，500 且阈值水平 $b = 0.8$，1.6，$\cdots$，8.0 时，

对应 $\Phi(x; b)$ 的精确值

| $\Phi(x; b)$ | $b=0.8$ | $b=1.6$ | $b=2.4$ | $b=3.2$ | $b=4$ | $b=4.8$ | $b=4.9605$ | $b=5.6$ | $b=6.4$ | $b=7.2$ | $b=8$ |
|---|---|---|---|---|---|---|---|---|---|---|---|
| $x=1$ | 0.9166 | 0.8572 | 0.7994 | 0.7464 | 0.7022 | 0.6684 | 0.6628 | 0.6442 | 0.6277 | 0.6168 | 0.6097 |
| $x=3$ | 0.8851 | 0.7812 | 0.6580 | 0.5384 | 0.4412 | 0.3675 | 0.3554 | 0.3148 | 0.2788 | 0.2551 | 0.2397 |
| $x=5$ | 0.8827 | 0.7753 | 0.6443 | 0.5080 | 0.3841 | 0.2838 | 0.2671 | 0.2120 | 0.1637 | 0.1319 | 0.1114 |
| $x=6$ | 0.8826 | 0.7750 | 0.6435 | 0.5063 | 0.3803 | 0.2762 | 0.2583 | 0.1973 | 0.1427 | 0.1073 | 0.0845 |
| $x=8$ | 0.8825 | 0.7749 | 0.6432 | 0.5056 | 0.3790 | 0.2735 | 0.2552 | 0.1920 | 0.1325 | 0.0909 | 0.0631 |
| $x=10$ | 0.8825 | 0.7748 | 0.6432 | 0.5056 | 0.3789 | 0.2733 | 0.2550 | 0.1916 | 0.1318 | 0.0895 | 0.0603 |
| $x=500$ | 0.8825 | 0.7748 | 0.6432 | 0.5056 | 0.3789 | 0.2733 | 0.2550 | 0.1916 | 0.1317 | 0.0893 | 0.0601 |

表4-6　随机收入服从伽马分布 $F_{Y_3}(y) = 1 - (2y+1)e^{-2y}$ 的情形，

当初始盈余金 $x = 1, 3, 5, 6, 8, 10, 500$ 且阈值水平 $b = 0.8, 1.6, \cdots, 8.0$ 时，

对应 $\Phi(x; b)$ 的精确值

| $\Phi(x; b)$ | $b = 0.8$ | $b = 1.6$ | $b = 2.4$ | $b = 3.2$ | $b = 4$ | $b = 4.8$ | $b = 4.8068$ | $b = 5.6$ | $b = 6.4$ | $b = 7.2$ | $b = 8$ |
|---|---|---|---|---|---|---|---|---|---|---|---|
| $x = 1$ | 0.9129 | 0.8467 | 0.7802 | 0.7197 | 0.6706 | 0.6346 | 0.6343 | 0.6100 | 0.5940 | 0.5840 | 0.5778 |
| $x = 3$ | 0.8815 | 0.7695 | 0.6349 | 0.5045 | 0.4002 | 0.3239 | 0.3234 | 0.2718 | 0.2379 | 0.2167 | 0.2036 |
| $x = 5$ | 0.8794 | 0.7641 | 0.6219 | 0.4757 | 0.3462 | 0.2454 | 0.2447 | 0.1759 | 0.1311 | 0.1030 | 0.0857 |
| $x = 6$ | 0.8793 | 0.7638 | 0.6212 | 0.4741 | 0.3429 | 0.2387 | 0.2380 | 0.1633 | 0.1132 | 0.0820 | 0.0629 |
| $x = 8$ | 0.8792 | 0.7637 | 0.6210 | 0.4736 | 0.3418 | 0.2365 | 0.2357 | 0.1589 | 0.1049 | 0.0689 | 0.0458 |
| $x = 10$ | 0.8792 | 0.7636 | 0.6209 | 0.4735 | 0.3417 | 0.2364 | 0.2356 | 0.1586 | 0.1044 | 0.0678 | 0.0438 |
| $x = 500$ | 0.8792 | 0.7636 | 0.6209 | 0.4735 | 0.3417 | 0.2363 | 0.2356 | 0.1586 | 0.1043 | 0.0678 | 0.0437 |

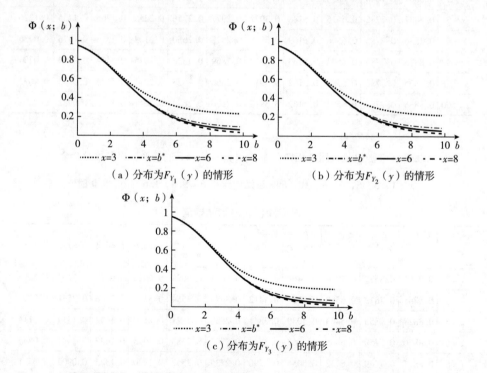

（a）分布为 $F_{Y_1}(y)$ 的情形　　　　　（b）分布为 $F_{Y_2}(y)$ 的情形

（c）分布为 $F_{Y_3}(y)$ 的情形

图4-5　当 $x = 3, b^*, 6, 8$ 时，$\Phi(x; b)$ 关于 $b$ 的变化趋势图

# 第六节　本章小结

本章研究了一类带扩散扰动的对偶风险模型，其按照混合策略向股东支付红利。应用辅助的尺度函数和 Laplace 逆变换的方法，我们推导出支付给股东的破产之前的总红利期望现值以及破产时间 Laplce 变换的一般表达式。相关的数值模拟计算说明本章给出的研究方法是可行且有效的。

值得一提的是，我们也可以尝试使用这种方法来研究风险理论中涉及的其他一些风险变量以及相关问题。例如，我们可以用它来计算（带扰动的）经典复合 Poisson 风险模型中涉及的 Gerber – Shiu 函数或破产概率。通常，此类变量的显式表达式在很大程度上取决于研究问题中关于收入（或索赔）的分布假设。一般来说，只有在某些特定收入（或索赔）大小的分布，如指数分布、混合指数分布、Erlang(n)分布或者这些分布的组合，才可以给出它们的显式表达式。因此，本章提供的用来计算这些变量的 Laplace 逆变换方法具有很好的实用性。此外，还需说明一点，本章混合策略中的定期分红时间间隔假定服从指数分布，这种假设也可以推广到其他一些分布中，如 Erlang(n)分布。对于此种情况，我们可以将 Erlang(n)定期分红时间间隔 $T$ 视为 $n$ 个相互独立且都服从指数分布的随机变量之和。正如 Zhang 和 Cheung(2016，2018)讨论的那样，假设第一个定期分红到来之前的时间服从 Erlang$(n-k+1)$ 分布，我们可以将 $V_{k,i}$ $(x;b)(k=1,\cdots,n)$ 定义为直到破产之前的红利期望现值。对任意 $k=1,\cdots,$ $n$，定义分红矩阵 $\mathbf{V}_k(x;b)=(V_{k,1}(x;b),V_{k,2}(x;b),\cdots,V_{k,m}(x;b))^T$。然后，利用与 Zhang 和 Cheung(2016)在研究中用到的类似方法，可以给出 $\mathbf{V}_k$ $(x;b)$ 满足的矩阵形式的积分微分方程，通过相应的矩阵形式的初始条件，可以得到用辅助函数来表示的 $V$ 的表达式；相似的方法也可以用于解决 $\Phi$。由于此问题的研究过程以及相关推导可能会很复杂，我们将其放在将来进一步的研究工作中。

# 第三部分 Lévy 过程驱动的保险风险模型的分红与破产问题

# 第五章　谱负 Lévy 过程在回撤时间之前的分红及相关问题

　　本章考虑由谱负 Lévy 过程驱动的保险风险模型，且保险公司在回撤之前，按照屏障分红策略向其股东支付红利。针对此模型，利用 Lévy 过程的尺度函数，得到了直到回撤时间之前的总红利期望现值的 $k$ 阶矩的一般表达式；同时证明了其 Laplace 变换的存在性，并给出了其显式表达式；当回撤时间一般化为破产时间时，此 Laplace 变换服从具有特定参数的指数分布。本章推广了 Renaud 和 Zhou（2007）以及 Kyprianou 和 Palmowski（2007）的研究结果。最后，给出一系列数值示例来说明不同的屏障水平以及不同的回撤函数对总红利期望现值的影响。

## 第一节　引　言

　　在保险数学中，红利支付问题最初是由 De Finetti（1957）提出的，其证明了使总红利期望现值最大化的策略必须是一种屏障分红策略。从第一章的预备知识可知，所谓屏障策略，就是当保险公司的盈余金超过某固定屏障水平时，超额部分作为红利全部支付给公司的股东。这种红利支付策略在经典风险理论中得到了广泛研究。Dickson 和 Waters（2004）同时考虑了离散时间风险模型和经典的连续时间风险模型。Albrecher 等（2005）研究了一类索赔时间间隔服从广义 Erlang（n）分布的 Sparre – Andersen 风险模型，得到了在破产之前的期望分红现值的分布。Li（2006）考虑了在屏障分红策略下受扩散扰动影响的复合 Poisson 风险模型，推导并求解了破产前总折现红利的 n 阶矩满足的具有特定边界条件的积分微分方程。Renaud 和 Zhou（2007）以及 Kyprianou 和 Palmowski（2007）研究了一类不含正跳的 Lévy 风险模型，并给出了破产之前的总红利现值的分布。Wen 和 Yin（2012）以及 Zhang 和 Cheung（2016）分别研究了对偶风险模型以及马尔可夫可加风险过程所涉及的一些分红问题。Yang 和 Deng（2019）考虑了带支付利息和定期屏障分红策略的扰动风险模型，研究了 Gerber – Shiu 期望折现罚金函数问题。此外，Avanzi（2009）在其研究中，对屏障分红策略做了系统性的回顾，同时还对其他分红策略的结果做了详细的综述。近年来，关于屏障分红策略的一些研究论文，还可以参阅 Li 和 Wu（2008），Li 和 Lu（2009），Jiang 和 Pistorius（2012），Avanzi 等（2013），Afonso 等（2013），Cheung 等（2015），Bulin-skaya 和 Shigida（2019）等。

上一段所提及的这些文献涉及的都是与破产时刻相关的分红（或与分红相关）问题。在第一章绪论中我们还提到，在分红理论的研究中，通常都把破产时刻这个变量作为保险公司或基金管理行业的一个重要的风险衡量指标。然而，在现实中，当保险公司面临破产时才开始采取挽救公司的行动显然为时已晚。因此，近年来，许多学者将研究目标从破产时刻变量转变为另外一个广泛使用的风险指标——回撤时间。所谓回撤时间，一般是指保险公司或投资基金在运行过程中的某个特定的时间，通常对应着公司盈余过程从过去一段时间内的峰值下降到某个低谷（满足一定条件）的时刻。回撤时间变量可使公司的股东或受委托人更清楚地了解公司当前所面临的财务风险。例如，大多数股票投资者希望在减少亏损并将头寸转换为现金投资之前避免 20%（一般将其称为技术性熊市）或更大的回撤比例发生。就保险公司而言，回撤时间越早，保险公司承担的风险就越大，需要对公司目前的经营策略做出更合理的安排。因此，保险公司需要提前采取一些措施，如提高保费率或注资，避免公司在经营过程中发生更糟糕的情况。

将回撤问题用金融数学模型来模拟是由 Taylor（1975）首次提出的，他研究了一类带漂移的布朗运动模型的最大回撤量的数学表达式。此后，相关回撤变量（包括回撤时间，回撤函数以及回撤总量）的研究成为精算数学的热点问题。例如，Avram 等（2017）推导了谱负 Lévy 过程在回撤时间之前的赋税现值的一般表达式。Li 等（2019）利用波动理论得出了一些关于回撤时间的相关表达式。Landriault 等（2017）在具有一般到达时间和相位型跳跃分布的续保风险过程中，研究了几类与回撤问题相关的变量，并给出了相关的数学证明。Wang 和 Zhou（2018）研究了基于回撤时间的股利优化问题。通过对位势测度的讨论，Landriault 等（2018）给出了基于回撤制度转换模型的期望终端效用的明确表达式。Han 等（2018）研究了一类最优比例再保险问题，得到了最小化回撤事件发生的概率。近年来，对风险管理领域涉及的各种回撤变量等相关问题的研究越来越多，相关文献可参阅 Douady 等（2000），Avram 等（2004），Zhou（2007），Pospisil 等（2009），Mijatovic 和 Pistorius（2012），Carraro 等（2012），Loeffen 等（2014），Zhang（2015），Landriault 等（2015），Landriault 等（2017）等。

在本章中，我们用一个谱负 Lévy 过程（即无向上正跳跃的 Lévy 过程）来模拟保险公司在扣除红利之前的盈余过程，且该公司在一般回撤时间之前，根据固定的屏障策略向股东支付红利。需要说明一点，本章中的回撤时间是通过一般的回撤函数来定义的，因此，我们的研究结果提供了更多关于保险公司财务状况的信息，而不是简单的关于屏障分红策略的破产案例。运用波动理论的技巧，结合 Renaud 和 Zhou（2007），以及 Kyprianou 和 Palmowski（2007）的相关研究结果，我们得到了直到一般回撤时间之前的总红利期望现值的一般表达式。

本章的研究内容如下：第二节提供了问题的描述，并给出了关于谱负 Lévy 过程的一些基本结果。在第三节中，我们推导了一般回撤时间之前的总红利现值的 $k$ 阶矩的显式表达式。在第四节中，我们证明了此红利现值的 Laplace 变换的存在性，并导出了其一般表达式。在第五节中，给出了一些数值示例来说明不同屏障水平与不同回撤函数对总红利期望现值的影响。

## 第二节　带回撤时间的谱负 Lévy 过程

本节将给出本章所研究的目标模型以及相关的预备知识。设 $X = \{X(t): t \geq 0\}$ 是定义在带流概率空间 $(\Omega, \mathcal{F}, \mathbb{F} = \{\mathcal{F}_t: t \geq 0\}, \mathbb{P})$ 上的谱负 Lévy 过程，其中，$\mathbb{F} = \{\mathcal{F}_t: t \geq 0\}$ 满足通常条件。对任意 $x \in \mathbb{R}$，$\mathbb{P}_x$ 表示 $\mathbb{P}$ 在 $X(0) = x$ 时的转移测度；$\mathbb{E}_x$ 与 $\mathbb{E}$ 分别表示 $\mathbb{P}_x$ 与 $\mathbb{P}$ 对应的期望算子。我们同时假设 $X$ 既不是一个纯递增的线性漂移，也不是一个负的隶属子。$X$ 的 Laplace 指数定义为

$$\psi(\theta): = \frac{1}{t}\log\mathbb{E}[e^{\theta X(t)}],$$

这里，对所有 $\theta \geq 0$，有 $\psi < \infty$。特别地，对所有 $\theta \geq 0$，其 Lévy - Khintchine 表示式可写成

$$\psi(\theta) = \gamma\theta + \frac{1}{2}\sigma^2\theta^2 - \int_{0+}^{\infty}(1 - e^{-\theta x} - \theta x \mathbf{1}_{\{0 < x < 1\}})\pi(dx),$$

这里，$(\gamma, \sigma, \pi)$ 是 Lévy 过程 X 的特征三元组，其中，$\gamma \in (-\infty, \infty)$，

$\sigma \geq 0$，$\pi$ 是定义在 $(0, \infty)$ 上满足 $\int_{0+}^{\infty} (1 \wedge x^2) \, \pi \, (\mathrm{d}x) < \infty$ 的一个 Lévy 测度。在本章中，$X(t)$ 可被视为保险公司在红利被扣除之前的盈余金的底过程。

为了更好地阐述本章的内容，我们引入一些预备知识。引入 $\psi$ 在 $(0, \infty)$ 的右逆函数 $\Phi$：$[0, \infty) \to [0, \infty)$，即对所有 $q \geq 0$，

$$\Phi(q) = \sup\{\theta \geq 0 : \psi(\theta) = q\}.$$

接着，对 $a \in (-\infty, \infty)$，引入两个停时，即下穿时刻与上穿时刻：

$$\tau_a^- : = \inf\{t > 0 : X(t) < a\},$$

$$\tau_a^+ : = \inf\{t > 0 : X(t) > a\},$$

约定 $\inf \varnothing = \infty$，利用两边出口问题的相关结果，易知对 $x \in (0, a]$ 以及 $q \geq 0$，有

$$\mathbb{E}_x \left[ \mathrm{e}^{-q\tau_a^+} \mathbf{1}_{(\tau_a^+ < \tau_0^-)} \right] = \frac{W^{(q)}(x)}{W^{(q)}(a)}, \tag{5-1}$$

这里，$W^{(q)}$：$(-\infty, \infty) \to [0, \infty)$ 被称之为 $q$ 尺度函数。由 Kyprianou (2014) 研究中的知识可知，在 $(-\infty, 0)$ 上 $W^{(q)}(x) = 0$，在 $(0, +\infty)$ 上它是一个连续的严格递增函数（在 $x = 0$ 处，$W^{(q)}$ 是右连续的，但不一定左连续），其数学表示可由其 Laplace 变换进行刻画，即

$$\int_0^{\infty} \mathrm{e}^{-\theta x} W^{(q)}(x) \, \mathrm{d}x = \frac{1}{\psi(\theta) - q}, \quad \theta > \Phi(q). \tag{5-2}$$

注意到，对尺度函数来说，有下面等式成立：

$$W^{(q)}(x) = \mathrm{e}^{\Phi(q)x} W_{\Phi(q)}(x), \quad q \geq 0,$$

其中，$W_{\Phi(q)}$ 是在测度 $\mathbb{P}^{\Phi(q)}$ 下的 $X$ 的 0 尺度函数，这里，测度 $\mathbb{P}^{\Phi(q)}$ 的定义由下式给出，即

$$\left. \frac{\mathrm{d}\mathbb{P}^{\Phi(q)}}{\mathrm{d}\mathbb{P}} \right|_{\mathcal{F}_t} = \mathrm{e}^{\Phi(q)X(t) - qt}.$$

设 $b > 0$ 为常值屏障分红水平，且过程 $X$ 的初始值 $x \in (0, b)$，下面分别用 $D(t)$ 与 $X_b(t)$ 来定义保险公司直到时刻 $t$ 的累积分红，以及分红之后保险公司剩余盈余金的过程：

$$D(t) = \sup_{0 \leq s \leq t} [X(s) - b]^+,$$

$$X_b(t) = X(t) - D(t).$$

在经典保险风险理论的研究中，常关注的是破产时刻这个变量，它对应着盈余金过程首次为负的时刻。在本章中，我们将这一变量推广到更一般的情形，即回撤时间变量。首先，我们记 $\overline{X}(t) := \sup_{0 \leq s \leq t} X(t)$ 为 $X(t)$ 的最大运行过程。那么，定义在 $[0, \infty)$ 上的函数 $\xi(\cdot)$ 称之为回撤函数，如果它满足对一切 $x > 0$，$\xi(\cdot)$ 是一个连续函数且 $\xi(x) < x$。于是，对应于回撤函数 $\xi(\cdot)$ 的回撤时间（有时称其为 $\xi$ 回撤时间）被定义为

$$\tau_\xi := \inf\{t \geq 0 : X(t) < \xi[\overline{X}(t)]\}. \tag{5-3}$$

为书写方便，我们将 $t - \xi(t)$ 简写成 $\overline{\xi}(t) := t - \xi(t)$，易知对所有 $t > 0$，有 $\overline{\xi}(t) > 0$。在本章中，我们讨论的是一般的回撤函数 $\xi$，其中包括特例 $\xi = 0$ 的情形（此时，回撤时间恰是经典风险理论中的破产时间）。$\xi$ 的其他形式及其经济解释在许多论文中都有讨论，相关文献可参阅 Avram 等（2017）等。此外，本章还假设 $W^{(q)}(x)$ 在 $(0, \infty)$ 上是可微的。注意到这种假设并不难实现，如当 $X$ 的样本轨道具有无界变差（如果过程 $X$ 中含扰动项）时，或者 $X$ 的 Lévy 测度相对于 Lebesgue 测度是绝对连续时，$W^{(q)}(x)$ 是可微的。我们还可以对谱负 Lévy 过程 $X(t)$ 施加其他一些假设使 $W^{(q)}(x)$ 可微，相关文献可参阅 Chan 等（2011），Kyprianou（2014）等。

令常数 $\delta \geq 0$ 表示利息力度，定义

$$D = \int_0^{\tau_\xi} \mathrm{e}^{-\delta t} \mathrm{d}D(t),$$

$D$ 表示在一般回撤时间 $\tau_\xi$ 之前支付的总贴现红利，本章的主要目标就是通过讨

论给出 $D$ 的分布。为了讨论此分布，对于每个 $k \geqslant 1$，在常数屏障分红水平 $b$ 以及初始本金 $x$ 下，将 $D$ 的 $k$ 阶矩定义为

$$V_k(x): = \mathbb{E}_x[D^k].$$

在下一节中，我们将利用尺度函数 $W^{(q)}(x)$ 来给出这些矩的数学表达式。

**注 5 - 1**　本章的目标是研究保险公司在回撤时间之前支付给股东的总支付红利现值的分布，值得一提的是，这里的回撤时间是定义在底过程 $X(t)$ 上的，而非定义在保险公司在分红之后的盈余金过程 $X_b(t)$ 上。我们这种定义方式的目的有两个。一方面，就像该领域的大多数文献一样（Dickson and Waters，2004；Wang 和 Zhou，2018），回撤时间定义在分红之后的盈余金过程 $X_b(t)$ 上似乎更为合理。但事实上，通过重新设定回撤函数以及对应的回撤时间，我们可以证明定义在过程 $X_b(t)$ 上的回撤时间可以看作是本章通过式 (5-3) 来定义的回撤时间的一种特例。我们知道，过程 $X_b(t)$ 上的一般回撤时间可定义为

$$\tau_{\xi_b}(X_b): = \inf\{t \geqslant 0: X_b(t) < \xi_b[\overline{X}_b(t)]\},$$

其中，回撤函数 $\xi_b(\cdot)$ 满足对一切 $x > 0$ 有 $\xi_b(x) < x$。根据 $X_b(t)$ 的定义，不难验证 $\overline{X}_b(t) = \overline{X}(t) \wedge b$，因此，$\tau_{\xi_b}(X_b)$ 可以写成另一种形式，即

$$\tau_{\xi_b}(X_b) = \inf\{t \geqslant 0: X(t) < \xi_b[\overline{X}(t) \wedge b] + [\overline{X}(t) - b] \vee 0\},$$

这也恰恰说明了 $\tau_{\xi_b}(X_b)$ 是过程 $X(t)$ 关于回撤函数的回撤时间：

$$\xi(x): = \xi_b(x \wedge b) + (x - b) \vee 0,$$

这里我们用到了这样一个事实，即

$$\xi(x) = \xi_b(x \wedge b) + (x - b) \vee 0 < x \wedge b + (x - b) \vee 0 = x, \quad x > 0,$$

这说明以本章这种方式定义的回撤时间实际上是更一般意义下的回撤时间。

另一方面，通过保险风险模型的底盈余过程定义的一般回撤时间可提供有

关公司财务状况的更多信息。通过调整一般回撤函数 $\xi(\cdot)$ 的表达式，本章的结果可以帮助公司的受托人调查底盈余过程中的较大的回撤资本对当期支付红利的影响，而这些却无法简单地通过对破产时间的讨论来提供。

## 第三节　对 $V_k(x)$ 的分析

在本节中，我们将给出当 $X(t)$ 的初始取值 $x \in (0, b]$ 时，回撤时间之前的红利现值 $D$ 的 $k$ 阶矩的显式表达式。在呈现主要结果之前，我们先给出以下两个引理。

**引理 5 – 1**　（带回撤时间的两边出口问题）对任意 $x \in (0, b)$，我们有

$$\mathbb{E}_x(e^{-q\tau_b^+} \mathbf{1}_{|\tau_b^+ < \tau_\xi|} = \exp\left\{-\int_x^b \frac{W(q)'(\bar{\xi}(y))}{W(q)(\xi(y))}dy\right\}. \tag{5-4}$$

**证明**　参阅 Li 等（2019）的研究，利用 excursion 理论的方法来证明此引理，此处我们略去其证明过程。

**引理 5 – 2**　对任意 $\epsilon > 0$，正整数 $r \geqslant 1$，以及非负实数 $l \geqslant 0$，我们有

$$\mathbb{E}_b\left\{e^{-l\delta\tau_{b+\epsilon}^+}\left[\int_0^{\tau_{b+\epsilon}^+} e^{-\delta s}D(s)ds\right]^T \mathbf{1}_{|\tau_{b+\epsilon}^+ < \tau_\xi|}\right\} = o(\epsilon), \tag{5-5}$$

且

$$\mathbb{E}_b\left\{\left[\int_0^{\tau_\xi} e^{-\delta s}dD(s)\right]^T \mathbf{1}_{|\tau_\xi < \tau_{b+\epsilon}^+|}\right\} = o(\epsilon). \tag{5-6}$$

**证明**　证明式（5 – 5）。注意到对所有 $s \in [0, \tau_{b+\epsilon}^+]$，有 $D(s) \leqslant D(\tau_{b+\epsilon}^+) = \epsilon$；$D(s)$ 是关于 $s$ 的非减函数；以及 $X(\tau_{b+\epsilon}^+) = b + \epsilon$；利用引理 5 – 1 的结论则有

$$\mathbb{E}_b\left\{e^{-l\delta\tau_{b+\epsilon}^+}\left[\int_0^{\tau_{b+\epsilon}^+} e^{-\delta s}D(s)ds\right]^T \mathbf{1}_{|\tau_{b+\epsilon}^+ < \tau_\xi|}\right\}$$

$$\leqslant \epsilon^{r} \mathbb{E}_{b} \Big[ \Big( \int_{0}^{\tau_{b+\epsilon}^{+}} \mathrm{e}^{-\delta s} \mathrm{d}s \Big)^{T} \mathbf{1}_{\{\tau_{b+\epsilon}^{+} < \tau_{\xi}\}} \Big]$$

$$\leqslant \epsilon^{r} \frac{1}{\delta^{r}} \mathbb{E}_{b} \big[ \, ( 1 - \mathrm{e}^{-\delta \tau_{b+\epsilon}^{+}} ) \mathbf{1}_{\{\tau_{b+\epsilon}^{+} < \tau_{\xi}\}} \big]$$

$$= \epsilon^{r} \frac{1}{\delta^{r}} ( \mathbb{E}_{b} [ \mathbf{1}_{\{\tau_{b+\epsilon}^{+} < \tau_{\xi}\}} ] - \mathbb{E}_{b} \mathrm{e}^{-\delta \tau_{b+\epsilon}^{+}} \mathbf{1}_{\{\tau_{b+\epsilon}^{+} < \tau_{\xi}\}} ] )$$

$$= \epsilon^{r} \frac{1}{\delta^{r}} \Big( \exp\Big\{ - \int_{b}^{b+\epsilon} \frac{W^{(0)\prime}[\overline{\xi}(y)]}{W^{(0)}[\overline{\xi}(y)]} \mathrm{d}y \Big\} - \exp\Big\{ - \int_{b}^{b+\epsilon} \frac{W^{(\delta)\prime}[\overline{\xi}(y)]}{W^{(\delta)}[\overline{\xi}(y)]} \mathrm{d}y \Big\} \Big)$$

$$= o(\epsilon), \tag{5-7}$$

这即是式 (5-5)，其中，最后一个等式我们用到函数 $W(q)^{\prime}(x)$，$W(q)$ $(x)$ 以及 $\overline{\xi}(x)$ 的连续性。

再来证明式 (5-6)。对 $\int_{0}^{\tau_{\xi}} \mathrm{e}^{-\delta s} \mathrm{d}D(s)$ 应用分部积分，则有

$$\mathbb{E}_{b} \Big[ \Big( \int_{0}^{\tau_{\xi}} \mathrm{e}^{-\delta s} \mathrm{d}D(s) \Big)^{T} \mathbf{1}_{\{\tau_{\xi} < \tau_{b+\epsilon}^{+}\}} \Big]$$

$$= \mathbb{E}_{b} \Big[ \Big( \mathrm{e}^{-\delta \tau_{\xi}} D(\tau_{\xi}) + \delta \int_{0}^{\tau_{\xi}} \mathrm{e}^{-\delta s} D(s) \mathrm{d}s \Big)^{T} \mathbf{1}_{\{\tau_{\xi} < \tau_{b+\epsilon}^{+}\}} \Big]$$

$$\leqslant \mathbb{E}_{b} \Big[ \Big( \epsilon \mathrm{e}^{-\delta \tau_{\xi}} + \delta \int_{0}^{\tau_{\xi}} \epsilon \mathrm{e}^{-\delta s} \mathrm{d}s \Big)^{T} \mathbf{1}_{\{\tau_{\xi} < \tau_{b+\epsilon}^{+}\}} \Big]$$

$$= \epsilon^{r} \mathbb{E}_{b} \big[ \, ( \mathrm{e}^{-\delta \tau_{\xi}} - \mathrm{e}^{-\delta s} \mid_{0}^{\tau_{\xi}} )^{r} \mathbf{1}_{\{\tau_{\xi} < \tau_{b+\epsilon}^{+}\}} \big]$$

$$= \epsilon^{r} \mathbb{P}_{b} \{ \tau_{\xi} < \tau_{b+\epsilon}^{+} \}$$

$$= \epsilon^{r} ( 1 - \mathbb{P}_{b} \{ \tau_{b+\epsilon}^{+} < \tau_{\xi} \} )$$

$$= \epsilon^{r} \Big( 1 - \exp\Big\{ - \int_{b}^{b+\epsilon} \frac{W^{(0)\prime}[\overline{\xi}(y)]}{W^{(0)}[\overline{\xi}(y)]} \mathrm{d}y \Big\} \Big)$$

$$= o(\epsilon), \tag{5-8}$$

这即是式 (5-6)。引理 5-2 证毕。

在下面定理中，我们将给出在常值屏障红利水平 $b$ 下，回撤时间之前红利现值 $D$ 的 $k$ 阶矩的显式表达式。

**定理 5 – 1**　设底过程 $X(t)$ 的初始值 $x \in (0, b]$，对任意正整数 $k \geqslant 1$，$D$ 的 $k$ 阶矩为

$$V_k(x) = k! \, \exp\left\{ -\int_x^b \frac{W^{(k\delta)'}(\overline{\xi}(y))}{W^{(k\delta)}(\overline{\xi}(y))} \mathrm{d}y \right\} \prod_{i=1}^{k} \frac{W^{(i\delta)}(\overline{\xi}(y))}{W^{(i\delta)'}(\overline{\xi}(y))}. \tag{5-9}$$

**证明**　我们使用与 Renaud 和 Zhou（2007）研究中类似的方法来证明此定理。对正整数 $k \geqslant 1$，根据引理 5 – 2，则有

$$V_k(b) = \mathbb{E}_b[D^k]$$

$$= \mathbb{E}_b\big[D^k \mathbf{1}_{\{\tau_\xi > \tau_{b+\epsilon}^+\}}\big] + \mathbb{E}_b\big[D^k \mathbf{1}_{\{\tau_\xi > \tau_{b+\epsilon}^+\}}\big]$$

$$= \mathbb{E}_b\big[D^k \mathbf{1}_{\{\tau_\xi > \tau_{b+\epsilon}^+\}}\big] + o(\epsilon). \tag{5-10}$$

根据强 Markov 性以及二项展开定理可得

$$\mathbb{E}_b\big[D^k \mathbf{1}_{\{\tau_\xi > \tau_{b+\epsilon}^+\}}\big]$$

$$= \mathbb{E}_b\left[\left(\int_0^{\tau_\xi} \mathrm{e}^{-\delta s}\mathrm{d}D(s)\right)^k \mathbf{1}_{\{\tau_\xi < \tau_{b+\epsilon}^+\}}\right]$$

$$= \mathbb{E}_b\left\{\mathbb{E}_b\left[\left(\int_0^{\tau_\xi} \mathrm{e}^{-\delta s}\mathrm{d}D(s)\right)^k \mathbf{1}_{\{\tau_\xi < \tau_{b+\epsilon}^+\}}\ \Big|\ \mathcal{F}_{\tau_{b+\epsilon}^+}\right]\right\}$$

$$= \mathbb{E}_b\left\{\mathbb{E}_b\left[\sum_{i=0}^{k} C_k^i \left(\int_0^{\tau_{b+\epsilon}^+} \mathrm{e}^{-\delta s}\mathrm{d}D(s)\right)\left(\int_{\tau_{b+\epsilon}^+}^{\tau_\xi} \mathrm{e}^{-\delta s}\mathrm{d}D(s)\right)^{k-i} \mathbf{1}_{\{\tau_{b+\epsilon}^+ < \tau_\xi\}}\ \Big|\ \mathcal{F}_{\tau_{b+\epsilon}^+}\right]\right\}$$

$$= \mathbb{E}_b\left[\sum_{i=0}^{k} C_k^i \left(\int_0^{\tau_{b+\epsilon}^+} \mathrm{e}^{-\delta s}\mathrm{d}D(s)\right)^i \mathbf{1}_{\{\tau_{b+\epsilon}^+ < \tau_\xi\}} \left(\mathrm{e}^{-\delta \tau_{b+\epsilon}^+}\right)^{k-i} V_{k-i}(b)\right]$$

$$= \sum_{i=0}^{k} C_k^i V_{k-i}(b) \mathbb{E}_b\left[\left(\int_0^{\tau_{b+\epsilon}^+} \mathrm{e}^{-\delta s}\mathrm{d}D(s)\right)^i \left(\mathrm{e}^{-\delta \tau_{b+\epsilon}^+}\right)^{k-i} \mathbf{1}_{\{\tau_{b+\epsilon}^+ < \tau_\xi\}}\right]$$

$$= \sum_{i=0}^{k} C_k^i V_{k-i}(b) \mathbb{E}_b\left[\left(\mathrm{e}^{-\delta \tau_{b+\epsilon}^+}\right)^{k-i} \sum_{j=0}^{i} C_i^j \left(\epsilon \mathrm{e}^{-\delta \tau_{b+\epsilon}^+}\right)^j \left(\delta \int_0^{\tau_{b+\epsilon}^+} \mathrm{e}^{-\delta s}D(s)\mathrm{d}s\right)^{i-j}\right.$$

$$\left. \mathbf{1}_{\{\tau_{b+\epsilon}^+ < \tau_\xi\}}\right]$$

$$= \sum_{i=0}^{k} C_k^i V_{k-i}(b) \sum_{j=0}^{i} C_i^j \epsilon^j \mathbb{E}_b\left[\mathrm{e}^{-\delta(k-i+j)\tau_{b+\epsilon}^+} \delta^{i-j}\left(\int_0^{\tau_{b+\epsilon}^+} \mathrm{e}^{-\delta s}D(s)\mathrm{d}s\right)^{i-j} \mathbf{1}_{\{\tau_{b+\epsilon}^+ < \tau_\xi\}}\right]. \tag{5-11}$$

注意到式 (5-11) 的结果是一个求和项，在此式中，当 $j \geqslant 2$ 或者 $i > j$ 时，对应项的和都是 $o(\epsilon)$。于是，我们只保留式 (5-11) 中当 $j = i = 1$ 与 $j = i = 0$ 时的求和项，再利用引理 5-2，则可将 (5-11) 重写成

$$\mathbb{E}_b \left[ D^k \mathbf{1}_{\{\tau_\xi > \tau_b^+ + \epsilon\}} \right]$$

$$= V_k(b) \mathbb{E}_b \left[ e^{-k\delta \tau_b^+ + \epsilon} \mathbf{1}_{\{\tau_b^+ + \epsilon < \tau_\xi\}} \right] + k V_{k-1}(b) \mathbb{E}_b \left[ \epsilon e^{-(k-1)\delta \tau_b^+ + \epsilon} e^{-\delta \tau_b^+ + \epsilon} \mathbf{1}_{\{\tau_b^+ + \epsilon < \tau_\xi\}} \right] + o(\epsilon)$$

$$= \left[ V_k(b) + k\epsilon V_{k-1}(b) \right] \mathbb{E}_b \left[ e^{-k\delta \tau_b^+ + \epsilon} \mathbf{1}_{\{\tau_b^+ + \epsilon < \tau_\xi\}} \right] + o(\epsilon)$$

$$= \left[ V_k(b) + k\epsilon V_{k-1}(b) \right] \exp \left\{ - \int_b^{b+\epsilon} \frac{W^{(k\delta)\,\prime} [\overline{\xi}(y)]}{W^{(k\delta)} [\overline{\xi}(y)]} \mathrm{d}y \right\} + o(\epsilon), \qquad (5-12)$$

这是式 (5-12) 的最后一步应用到引理 5-1 中的结果。

结合式 (5-10) 与式 (5-12)，再利用 $W(q)$，$W(q)'$，以及 $\xi$ 的连续性，可得

$$V_k(b) = k V_{k-1}(b) \frac{W^{(k\delta)} [\overline{\xi}(y)]}{W^{(k\delta)\,\prime} [\overline{\xi}(y)]}, \qquad (5-13)$$

于是得到

$$V_k(b) = k! \, V_0(b) \prod_{i=1}^{k} \frac{W^{(k\delta)} [\overline{\xi}(y)]}{W^{(k\delta)\,\prime} [\overline{\xi}(y)]}, \qquad (5-14)$$

这里由定义易知 $V_0(b) = 1$。

于是，对 $x \in (0, b)$ 以及 $k \geqslant 1$，利用强 Markov 性，并结合式 (5-14) 可得

$$V_k(x) = \mathbb{E}_x \left\{ \left[ \int_{\tau_b^+}^{\tau_\xi} e^{-\delta s} \mathrm{d}D(s) \right]^k \mathbf{1}_{\{\tau_b^+ < \tau_\xi\}} \right\}$$

$$= V_k(b) \mathbb{E}_x \left[ e^{-k\delta \tau_b^+} \mathbf{1}_{\{\tau_b^+ < \tau_\xi\}} \right]$$

$$= k! \, \exp \left\{ - \int_x^b \frac{W^{(k\delta)\,\prime} [\overline{\xi}(y)]}{W^{(k\delta)} [\overline{\xi}(y)]} \mathrm{d}y \right\} \prod_{i=1}^{k} \frac{W^{(i\delta)} [\overline{\xi}(b)]}{W^{(i\delta)\,\prime} [\overline{\xi}(b)]}. \qquad (5-15)$$

定理 5-1 证毕。

**注 5-2**　若给定线性回撤函数 $\xi(x) = hx - \mathrm{d}$，其中，$h \in (-\infty, 1)$，$\mathrm{d} \in$

$(0, \infty)$；那么根据上节中一般回撤函数的定义，易知 $X(t) < \xi[\overline{X}(t)] = h\overline{X}$ $(t) - d$ 等价于 $h\overline{X}(t) - X(t) > d$，也就是说，盈余过程将下降到"迄今为止的最大值的 $100h\%$ 这条比例线"的 $d$ 个单位以下。在这种情况下，则有

$$V_k(x) = k! \left\{ \frac{W^{(k\delta)}[(1-h)x+d]}{W^{(k\delta)}[(1-h)b+d]} \right\}^{\frac{1}{1-h}} \prod_{i=1}^{k} \frac{W^{(i\delta)}[(1-h)b+d]}{W^{(i\delta)}{'}[(1-h)b+d]}, \quad x \in (0, b).$$

**注 5 - 3** 当一般回撤函数 $\xi(\cdot)$ 退化成 $\xi(z) = (z-b) \vee 0$ 时，则一般回撤时间 $\tau_\xi$ 退化为与 $\{X_b(t): t \geqslant 0\}$（按照常值屏障水平 $b$ 进行红利支付后的盈余金过程）相关联的经典破产时间，即

$$T = \inf\{t > 0: X(t) < [\overline{X}(t) - b] \vee 0\}$$

$$= \inf\{t > 0: X_b(t) < 0\},$$

再由

$$\exp\left\{ -\int_x^b \frac{W^{(k\delta)}{'}[\overline{\xi}(y)]}{W^{(k\delta)}[\overline{\xi}(y)]} dy \right\} = \frac{W^{(k\delta)}(x)}{W^{(k\delta)}(b)},$$

因此，$D$ 的 $k$ 阶矩变成下面的简洁形式：

$$V_k(x) = k! \frac{W^{(k\delta)}(x)}{W^{(k\delta)}(b)} \prod_{i=1}^{k} \frac{W^{(i\delta)}(b)}{W^{(i\delta)}{'}(b)}, \tag{5-16}$$

这即是经典破产时刻之前的总期望红利现值的 $k$ 阶矩，它与 Renaud 和 Zhou（2007）研究中命题 2 的结果是一致的。

**注 5 - 4** 假设不存在利息力，即令 $\delta = 0$，那么直到回撤时间之前支付的总红利现值等于回撤时间之前支付的红利总量，即等于 $D(\tau_\xi)$。


# 第四节　红利现值的 Laplace 变换


在上一节中，我们已经求得保险公司的盈余过程在回撤时间之前的红利现

值（即 $D = \int_0^{\tau_\xi} \mathrm{e}^{-\delta t}\mathrm{d}D(t)$）的 $k$ 阶矩，并利用其来描述 $D$ 的分布。在这一节中，我们将通过另一种方法（即 Laplace 变换方法）来描述 $D$ 的分布。在许多实际问题中，Laplace 变换（如果存在）和矩生成函数都可以用于描述随机变量的分布。在工程数学中，可以利用 Laplace 变换具有的许多好的性质来分析线性动力系统中遇到的各类问题。在本节中，我们将证明 $D$ 的 Laplace 变换的存在性并给出其显式表达式。我们还发现，对于 $\xi(x) = 0$ 的情形，直到破产时间之前支付的折现红利（即 $D(\tau_0)$）的 Laplace 变换服从均值为 $\dfrac{W^{(0)}(b)}{W^{(0)\prime}(b)}$ 的指数分布，此结果恰好与 Renaud 和 Zhou（2007）研究中的推论 2 的结果一致。此外，值得一提的是，本节中的 Laplace 变换方法还可以用于研究带随机扰动风险模型中随机变量的分布，或时变布朗运动模型下的期权定价等问题，相关文献可参阅 Peng 等（2019），Xing 和 Yang（2017）等。

**推论 5 – 1**　若 $\delta > 0$，则对任意 $\lambda \in (-\infty, \infty)$，$D$ 的 Laplace 变换存在且可以表示为

$$\mathbb{E}_x\left[\mathrm{e}^{\lambda D}\right] = 1 + \sum_{k \geqslant 1} \lambda^k \exp\left\{-\int_x^b \frac{W^{(k\delta)\prime}\left[\,\overline{\xi}(y)\,\right]}{W^{(k\delta)}\left[\,\overline{\xi}(y)\,\right]}\mathrm{d}y\right\} \prod_{i=1}^k \frac{W^{(i\delta)}\left[\,\overline{\xi}(b)\,\right]}{W^{(i\delta)\prime}\left[\,\overline{\xi}(b)\,\right]}.$$

$$(5-17)$$

若 $\delta = 0$，则对任意 $\lambda > -\dfrac{W^{(0)\prime}\left[\,\overline{\xi}(b)\,\right]}{W^{(0)}\left[\,\overline{\xi}(b)\,\right]}$，$D$ 的 Laplace 变换存在且可以表示为

$$\mathbb{E}_x\left[\mathrm{e}^{-\lambda D(\tau_\xi)}\right] = 1 - \exp\left\{-\int_x^b \frac{W^{(0)\prime}\left[\,\overline{\xi}(y)\,\right]}{W^{(0)}\left[\,\overline{\xi}(y)\,\right]}\mathrm{d}y\right\} \frac{\lambda W^{(0)}\left[\,\overline{\xi}(b)\,\right]}{W^{(0)\prime}\left[\,\overline{\xi}(b)\,\right] + \lambda W^{(0)}\left[\,\overline{\xi}(b)\,\right]}.$$

$$(5-18)$$

**证明**　首先，利用式（5 – 9）或者式（5 – 14），可得

$$V_1(b) = \mathbb{E}_b\left[\int_0^{\tau_\xi} \mathrm{e}^{-\delta t}\mathrm{d}D(t)\right] = \frac{W^{(\delta)}\left[\,\overline{\xi}(b)\,\right]}{W^{(\delta)\prime}\left[\,\overline{\xi}(b)\,\right]},$$

这意味着当利息力度 $\delta$ 趋于无穷时，$\dfrac{W^{(\delta)}\left[\bar{\xi}(b)\right]}{W^{(\delta)'}\left[\bar{\xi}(b)\right]}$ 的值趋于 $0$。那么对任意

$\delta > 0$ 以及 $\lambda \in (-\infty, \infty)$，都存在足够大的正整数 $j$ 使得

$$0 \leqslant |\lambda| \frac{W^{(j\delta)}\left[\bar{\xi}(b)\right]}{W^{(j\delta)'}\left[\bar{\xi}(b)\right]} < 1. \tag{5-19}$$

其次，我们可以证明下面级数

$$\sum_{k \geqslant 0} \frac{|\lambda^k|}{k!} V_k(x) \tag{5-20}$$

收敛。事实上，利用式（5-4）和式（5-19），不难验证对任意 $\lambda \in (-\infty,$
$\infty)$ 以及 $k \geqslant j$，一定有下面不等式成立，即

$$\begin{aligned}
\frac{|\lambda^k|}{k!} V_k(x) &= \frac{|\lambda^k|}{k!} k! \exp\left\{-\int_x^b \frac{W^{(k\delta)'}\left[\bar{\xi}(y)\right]}{W^{(k\delta)}\left[\bar{\xi}(y)\right]} \mathrm{d}y\right\} \prod_{i=1}^{k} \frac{W^{(i\delta)}\left[\bar{\xi}(b)\right]}{W^{(i\delta)'}\left[\bar{\xi}(b)\right]} \\
&\leqslant \prod_{i=1}^{k}\left\{|\lambda| \frac{W^{(i\delta)}\left[\bar{\xi}(b)\right]}{W^{(i\delta)'}\left[\bar{\xi}(b)\right]}\right\} \\
&= \prod_{i=1}^{j-1}\left\{|\lambda| \frac{W^{(i\delta)}\left[\bar{\xi}(b)\right]}{W^{(i\delta)'}\left[\bar{\xi}(b)\right]}\right\} \prod_{i=1}^{k}\left\{|\lambda| \frac{W^{(i\delta)}\left[\bar{\xi}(b)\right]}{W^{(i\delta)'}\left[\bar{\xi}(b)\right]}\right\}, \\
&\leqslant |\lambda|^{j-1} \prod_{i=1}^{j-1} \frac{W^{(i\delta)}\left[\bar{\xi}(b)\right]}{W^{(i\delta)'}\left[\bar{\xi}(b)\right]}\left\{|\lambda| \frac{W^{(j\delta)}\left[\bar{\xi}(b)\right]}{W^{(j\delta)'}\left[\bar{\xi}(b)\right]}\right\}^{k-j+1},
\end{aligned}$$

$$\tag{5-21}$$

上式中的最后一个不等式用到这样一个事实，即 $\dfrac{W^{(\delta)}\left[\bar{\xi}(b)\right]}{W^{(\delta)'}\left[\bar{\xi}(b)\right]}$ 关于 $\delta$ 是递减

的。结合式（5-21）与式（5-19）可得式（5-20）是收敛的。于是对 $\lambda \leqslant 0$
和 $\lambda > 0$，分别利用 Lebesgue 控制收敛定理以及单调收敛定理，则可推得式
（5-17）。

若 $\delta = 0$，由注 5-3 可知 $D = D(\tau_\xi)$。因此，对 $k \geqslant 1$，有

$$\mathbb{E}_x\left[D(\tau_\xi)^k\right] = \exp\left\{-\int_x^b \frac{W^{(0)'}\left[\bar{\xi}(y)\right]}{W^{(0)}\left[\bar{\xi}(y)\right]} \mathrm{d}y\right\} \prod_{i=1}^{k} \frac{W^{(0)}\left[\bar{\xi}(b)\right]}{W^{(0)'}\left[\bar{\xi}(b)\right]},$$

于是，对每一 $\lambda > -\dfrac{W^{(0)}{}'[\overline{\xi}(b)]}{W^{(0)}[\overline{\xi}(b)]}$，则有

$$\mathbb{E}_x[\mathrm{e}^{-\lambda D(\tau_\xi)}] = 1 + \sum_{k\geqslant 1}(-\lambda)^k \exp\left\{-\int_x^b \frac{W^{(0)}{}'[\overline{\xi}(y)]}{W^{(0)}[\overline{\xi}(y)]}\mathrm{d}y\right\} \times \prod_{i=1}^k \frac{W^{(0)}[\overline{\xi}(b)]}{W^{(0)}{}'[\overline{\xi}(b)]}$$

$$= 1 + \exp\left\{-\int_x^b \frac{W^{(0)}{}'[\overline{\xi}(y)]}{W^{(0)}[\overline{\xi}(y)]}\mathrm{d}y\right\} \times \sum_{k\geqslant 1}\left\{-\lambda\frac{W^{(0)}[\overline{\xi}(b)]}{W^{(0)}{}'[\overline{\xi}(b)]}\right\}^k$$

$$= 1 + \exp\left\{-\int_x^b \frac{W^{(0)}{}'[\overline{\xi}(y)]}{W^{(0)}[\overline{\xi}(y)]}\mathrm{d}y\right\} \times$$

$$\left\{\frac{W^{(0)}{}'[\overline{\xi}(b)]}{W^{(0)}{}'[\overline{\xi}(b)] + \lambda W^{(0)}[\overline{\xi}(b)]} - 1\right\}$$

$$= 1 - \exp\left\{-\int_x^b \frac{W^{(0)}{}'[\overline{\xi}(y)]}{W^{(0)}[\overline{\xi}(y)]}\mathrm{d}y\right\} \times \frac{\lambda W^{(0)}[\overline{\xi}(b)]}{W^{(0)}{}'[\overline{\xi}(b)] + \lambda W^{(0)}[\overline{\xi}(b)]},$$

$$(5-22)$$

这验证了式 (5-18) 成立。本推论证毕。

**注 5-5**　给定线性回撤函数 $\xi(x) = hx - \mathrm{d}$，其中，$h \in (-\infty, 1)$ 且 $\mathrm{d} \in (0, \infty)$，由推论 5-1 可知，当 $\delta > 0$ 时，有

$$\mathbb{E}_x[\mathrm{e}^{\lambda D}] = 1 + \sum_{k\geqslant 1}\lambda^k\left\{\frac{W^{(q)}[(1-h)x+\mathrm{d}]}{W^{(q)}[(1-h)b+\mathrm{d}]}\right\}^{\frac{1}{1-h}} \times \prod_{i=1}^k \frac{W^{(i\delta)}[(1-h)b+\mathrm{d}]}{W^{(i\delta)}{}'[(1-h)b+\mathrm{d}]},$$

当 $\delta = 0$ 时，对每一 $\lambda > -\dfrac{W^{(0)}{}'[(1-h)b+\mathrm{d}]}{W^{(0)}[(1-h)b+\mathrm{d}]}$，有

$$\mathbb{E}_x[\mathrm{e}^{-\lambda D(\tau_\xi)}] = 1 - \left\{\frac{W^{(0)}[(1-h)x+\mathrm{d}]}{W^{(0)}[(1-h)b+\mathrm{d}]}\right\}^{\frac{1}{1-h}} \times$$

$$\frac{\lambda W^{(0)}[(1-h)b+\mathrm{d}]}{W^{(0)}{}'[(1-h)b+\mathrm{d}] + \lambda W^{(0)}[(1-h)b+\mathrm{d}]}.$$

**注 5-6**　由式 (5-22) 可知，在概率测度 $\mathbb{P}_x$ 下，回撤时间之前总分红现值 [即 $D(\tau_\xi)$] 的分布为

$$\mathbb{P}_x[D(\tau_\xi) = 0] = 1 - \exp\left\{-\int_x^b \frac{W^{(0)}{}'[\overline{\xi}(y)]}{W^{(0)}[\overline{\xi}(y)]}\mathrm{d}y\right\},$$

且对于 $z \in (0, \infty)$，有

$$\mathbb{P}_x[D(\tau_\xi) \in \mathrm{d}z] = \exp\left\{-\int_x^b \frac{W^{(0)\prime}[\bar{\xi}(y)]}{W^{(0)}[\xi(y)]}\mathrm{d}y\right\} \times \frac{W^{(0)\prime}[\bar{\xi}(b)]}{W^{(0)}[\xi(b)]}$$

$$\exp\left\{-\frac{W^{(0)\prime}[\bar{\xi}(b)]}{W^{(0)}[\xi(b)]}z\right\}\mathrm{d}z \ ,$$

其对应的 Laplace 变换的表达式恰为式（5 – 22）。这里我们应用了以下事实：只有服从均值为 $\dfrac{W^{(0)\prime}[\bar{\xi}(b)]}{W^{(0)}[\xi(b)]}$ 的指数分布的随机变量，才具有如下的 Laplace 变换，即

$$\int_0^\infty \frac{W^{(0)\prime}[\bar{\xi}(b)]}{W^{(0)}[\xi(b)]}\exp\left\{-\frac{W^{(0)\prime}[\bar{\xi}(b)]}{W^{(0)}[\xi(b)]}y\right\}\exp\{-\lambda y\}\mathrm{d}y$$

$$= \frac{W^{(0)\prime}[\bar{\xi}(b)]}{W^{(0)}[\bar{\xi}(b)] + \lambda W^{(0)}[\bar{\xi}(b)]},$$

其中，$\lambda > -\dfrac{W^{(0)\prime}[\bar{\xi}(b)]}{W^{(0)}[\xi(b)]}$。

特别地，在测度 $\mathbb{P}_b$ 下，$D(\tau_\xi)$ 的 Laplace 变换是一个均值为 $\dfrac{W^{(0)}[\bar{\xi}(b)]}{W^{(0)\prime}[\xi(b)]}$ 的指数分布的随机变量，此结果恰与 Renaud 和 Zhou（2007）研究中的命题 2 结论一致。

此外，考虑线性回撤函数 $\xi(x) = hx - d$ 的情况，其中，$h \in (-\infty, 1)$ 且 $\mathrm{d} \in (0, \infty)$，于是有

$$\mathbb{P}_x(D(\tau_\xi) = 0) = 1 - \left\{\frac{W^{(0)}[(1-h)x + \mathrm{d}]}{W^{(0)}[(1-h)b + \mathrm{d}]}\right\}^{\frac{1}{1-h}},$$

且对 $z \in (0, \infty)$，有

$$\mathbb{P}_x(D(\tau_\xi) \in \mathrm{d}z) = \left\{\frac{W^{(0)}[(1-h)x + \mathrm{d}]}{W^{(0)}[(1-h)b + \mathrm{d}]}\right\}^{\frac{1}{1-h}} \times \frac{W^{(0)\prime}[(1-h)b + \mathrm{d}]}{W^{(0)}[(1-h)b + \mathrm{d}]}$$

$$\exp\left\{-\frac{W^{(0)\prime}[(1-h)b + \mathrm{d}]}{W^{(0)}[(1-h)b + \mathrm{d}]}z\right\}\mathrm{d}z.$$

# 第五节　两个例子

在本节中，我们将通过具有指数型跳的 Cramér – Lundberg 模型以及跳扩散风险模型这两个例子来呈现主要结果的数值解。具体地，对任意给定的初始本金 $x \in (0, b]$，我们将给出均值 $V_1(x)$ 以及标准差 $S(D) = \sqrt{V_2(x) - V_1^2(x)}$ 的显示表达式，并通过图像来展示它们在不同的屏障红利水平 $b$，以及不同的初始本金 $x$ 下的运行趋势。另外，我们还对回撤函数为一般线性函数以及 $\xi(\cdot) \equiv 0$ 这两种情形下的结果做了对比分析，并探讨了如何依据 $V_1(x)$ 与 $S(D)$ 来寻找最优屏障水平 $b^*$，以使回撤时间之前的红利现值最大化。

## 一、带指数型跳的 Cramér – Lundberg 模型

考虑 $X(t)$ 是带指数型跳的 Cramér – Lundberg 模型的情形，即

$$X(t) = x + ct - \sum_{i=1}^{N(t)} C_i,$$

这里，$x$ 表示初始本金，$c > 0$ 表示常值保费率，$C_i$ $(i = 1, 2, \cdots)$ 是一组表示索赔数额的随机变量，其服从均值为 $1/\mu$ 的指数分布，索赔次数 $N = \{N(t), t \geq 0\}$ 是满足强度为 $\lambda$ 且与索赔数额独立的 Poisson 过程。这里假设单位时间内的保费收入的期望大于索赔的期望，即 $c > \lambda/\mu$，它保证了过程 $X(t)$ 总体向上运行。根据第一章的预备知识可知，尺度函数 $W^{(q)}$ 为

$$W^{(q)}(x) = \frac{1}{c} [A_+(q) e^{r^+(q)x} - A_-(q) e^{r^-(q)x}], \qquad (5-23)$$

其中，$A_{\pm}(q) = \dfrac{\mu + r^{\pm}(q)}{r^{+}(q) - r^{-}(q)}$，且

$$r^{\pm}(q) = \frac{q + \lambda - \mu c \pm \sqrt{(q + \lambda - \mu c)^2 + 4cq\mu}}{2c}. \tag{5-24}$$

应用式（5-9）、式（5-23）与式（5-24）的结果，在 Cramér – Lundberg 模型下 $V_k(x)$ 的显示表达式为

$$V_k(x) = k! \exp\left\{ -\int_x^b \frac{A_+(k\delta) r^+(k\delta) e^{r^+(k\delta)\bar{\xi}(y)} - A_-(k\delta) r^-(k\delta) e^{r^-(k\delta)\bar{\xi}(y)}}{A^+(k\delta) e^{r^+(k\delta)\bar{\xi}(y)} - A_-(k\delta) e^{r^-(k\delta)\bar{\xi}(y)}} dy \right\} \times$$

$$\prod_{i=1}^k \frac{A_+(i\delta) e^{r^+(i\delta)\bar{\xi}(b)} - A_-(i\delta) e^{r^-(i\delta)\bar{\xi}(b)}}{A_+(i\delta) r^+(i\delta) e^{r^+(i\delta)\bar{\xi}(b)} - A_-(i\delta) r^-(i\delta) e^{r^-(i\delta)\bar{\xi}(b)}}. \tag{5-25}$$

下面我们给出本例的数值解以及相关图像。考察线性回撤函数 $\xi(y) = 0.8y - 0.5$ [对应地，$\bar{\xi}(y) = y - \xi(y) = 0.2y + 0.5$]，那么在首次回撤时间到来时，有 $X(t) < \xi[\overline{X}(t)] = 0.8\overline{X}(t) - 0.5$，这即等价于 $0.8\overline{X}(t) - X(t) > 0.5$，其含义是指盈余过程第一次降至迄今为止最大值的 80% 水平线的 0.5 单位以下。在现实中，风险管理者可以将此时间点作为采取一些行动的转折点，利用提高保费率 $c$ 或向公司注入资金等方式以避免可能出现的不良后果。

对于其他参数，我们拟定如下取值：$c = 1.1$，$\lambda = 2$，$\delta = 0.1$，$\mu = 2$。那么当 $k = 1$ 时，式（5-24）的解为 $r^+(0.1) = 0.3834$，$r^-(0.1) = -0.4743$，于是可得 $A^+(0.1) = 2.7788$，$A^-(0.1) = 1.7788$。再由式（5-25），我们可以求得 Cramér – Lundberg 下的 $V_1(x)$ 的各种数值解，见表 5-1。另外，我们也分别画出了 $V_1(x)$ 随 $b$ 与 $x$ 变化的趋势图，见图 5-1。其中，图 5-1（a）展示的是当初始本金分别取 $x = 1, 2, 3, 4, 5$ 时，$V_1(x)$ 作为 $b$ 的函数的变化趋势；图 5-1（b）展示的是当屏障水平分别取 $b = 6, 7, 8, 9, 10$ 时，$V_1(x)$ 作为 $x$ 的函数的变化趋势。

表 5 – 1 带指数型跳的 Cramér – Lundberg 模型中，

当 $x=1,2,3,4,5$，且 $b=1,2,\cdots,10$ 时，对应的 $V_1$ 的取值

| $x \setminus b$ | 1 | 2 | 3 | 4 | 5 | 6 | 7 | 8 | 9 | 10 |
|---|---|---|---|---|---|---|---|---|---|---|
| 1 | 1.1798 | 0.6086 | 0.3351 | 0.1934 | 0.1156 | 0.0710 | 0.0445 | 0.0283 | 0.0183 | 0.0119 |
| 2 | | 1.3446 | 0.7404 | 0.4274 | 0.2555 | 0.1569 | 0.0983 | 0.0626 | 0.0404 | 0.0263 |
| 3 | | | 1.4969 | 0.8641 | 0.5166 | 0.3171 | 0.1987 | 0.1265 | 0.0816 | 0.0531 |
| 4 | | | | 1.6360 | 0.9781 | 0.6005 | 0.3763 | 0.2396 | 0.1545 | 0.1006 |
| 5 | | | | | 1.7618 | 1.0816 | 0.6778 | 0.4316 | 0.2783 | 0.1812 |

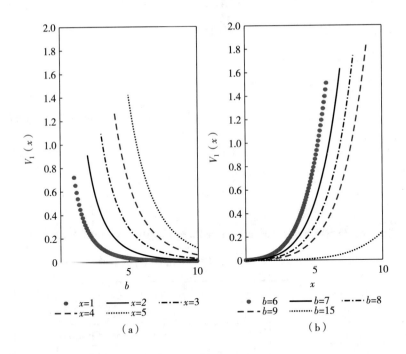

图 5 – 1 带指数型跳的 Cramér – Lundberg 模型

注：（a）为当 $x=1,2,3,4,5$ 时，$V_1(x)$ 随 $b$ 变化的趋势图；（b）为当 $b=6,7,8,9,15$ 时，$V_1(x)$ 随 $x$ 变化的趋势图。

从图 5-1 可以很明显地看出，函数 $V_1$ 随着屏障红利水平 $b$ 的增大而减小，但却随着初始本金 $x$ 的增大而增大。这符合我们的常识：屏障水平 $b$ 越高，在给定的盈余过程中支付红利的可能性越小，因此所支付的总红利期望现值就小；初始本金 $x$ 越大，在给定的屏障水平下支付红利的可能性就越大，那么所支付的期望红利总额就大。值得一提的是，这种趋势与 Albrecher 等（2005）在研究 Sparre - Andersen 风险模型时给出的结果是一致的。

图 5-1 的另一个观察结果是，当 $b$ 达到无穷大时，$V_1$ 的极限为 0。这是因为极其高的屏障分红水平值使公司很难向其股东支付红利，那么折现红利的期望值应该趋近于 0。另一种极端情况是，当 $x=0$ 时，即公司没有正的盈余本金，那么公司收到的期望红利值趋于 0，这对应于图 5-1（b）中 $V_1$ 的值从 0 开始且随 $x$ 取值的增加而增大。

当 $k=2$ 时，式（5-24）的解为 $r^+(0.2)=0.6030$，$r^-(0.2)=-0.6030$；于是可得 $A^+(0.2)=2.1584$，$A^-(0.2)=1.1584$。定义 $D$ 的标准差为 $S(D)=\sqrt{V_2(x)-V_2^1(x)}$。利用式（5-25）可给出 $S(D)$ 的数值解，见表 5-2；在图 5-2 中，我们对 $S(D)$ 关于 $b$ 与 $x$ 的变化趋势做了相应的展示。

表 5-2　带指数型跳的 Cramér - Lundberg 模型中，当 $x=1$, 2, 3, 4, 5，

且 $b=1$, 2, …, 10 时，对应 $S(D)$ 的取值

| $x \backslash b$ | 1 | 2 | 3 | 4 | 5 | 6 | 7 | 8 | 9 | 10 |
|---|---|---|---|---|---|---|---|---|---|---|
| 1 | 1.0266 | 0.9318 | 0.7320 | 0.5557 | 0.4172 | 0.3119 | 0.2327 | 0.1735 | 0.1292 | 0.0962 |
| 2 | | 1.1327 | 1.0340 | 0.8254 | 0.6344 | 0.4803 | 0.3612 | 0.2705 | 0.2022 | 0.1509 |
| 3 | | | 1.2191 | 1.1155 | 0.9005 | 0.6984 | 0.5323 | 0.4021 | 0.3022 | 0.2264 |
| 4 | | | | 1.2874 | 1.1788 | 0.9592 | 0.7491 | 0.5740 | 0.4352 | 0.3280 |
| 5 | | | | | 1.3398 | 1.2265 | 1.0040 | 0.7883 | 0.6066 | 0.4614 |

我们在图 5-2（a）中发现，对于固定的 $x$，随着水平 $b$ 的增大，标准差

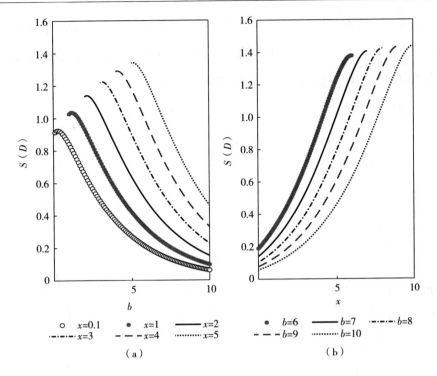

**图 5 – 2　带指数型跳的 Cramér – Lundberg 模型**

注：(a) 为当 $x = 0.1$，1，2，3，4，5 时，$S(D)$ 随 $b$ 变化的趋势图；(b) 为当 $b = 6$，7，8，9，10 时，$S(D)$ 随 $x$ 变化的趋势图。

$S(D)$ 在 $b$ 接近 $x$ 时首先增加，然后在 $b$ 远大于 $x$ 时迅速减小，这意味着当 $b \geqslant x$ 时，$S(D)$ 不是 $b$ 的单调函数。当 $b$ 稍微大于 $x$ 时，$S(D)$ 可以达到最大。这看起来像是一个小"钩"附在曲线的左端，且当 $x$ 的取值越小时，"挂钩"效果越明显。为了在此处将"挂钩"的效果看得更清晰，我们添加了 $x = 0.1$ 对应的曲线，并将其与其他曲线进行比较。如图 5 – 2（a）所示，随着 $x$ 取值的增大，"挂钩"效果变弱，$S(D)$ 的值几乎是 $b$ 的单调函数。我们在图 5 – 2（b）中继续进行观察，其中，当 $x$ 的取值（在给定 $b = 6$，7，8，9，10 时）接近 $b$ 时，$S(D)$ 的值只是 $x$ 的单调函数。这种趋势可以进行如下解释：如

果屏障水平 $b$ 接近初始资本 $x$，则红利支付可能更频繁发生，这会导致更大的波动性，因此具有更高的 $S(D)$ 值。此外，当 $b$ 相对于 $x$ 距离足够大时，红利支付的频率和数量都会减少，此时标准差会减小，这恰与图 5-2（b）中的 $S(D)$ 趋势一致。

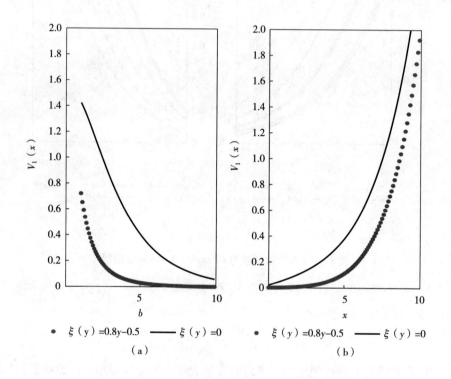

**图 5-3 带指数型跳的 Cramér-Lundberg 模型**

注：（a）为当 $x=1$ 时，$V_1(x)$ 随 $b$（$b \geqslant x$）变化的趋势图；（b）为当 $b=10$ 时，$V_1(x)$ 随 $x$（$x \leqslant b$）变化的趋势图。

现在我们来讨论不同的回撤函数对结果的影响。在图 5-3 中，针对两种不同的回撤函数：$\xi(y)=0.8y-0.5$（对应一般线性回撤时间的情形）以及 $\xi(y) \equiv 0$（对应经典破产时间的情形），分别给出 $V_1$ 关于变量 $b$ 与 $x$ 的变化趋势。在图

5 - 3(a)中我们画出了 $V_1$ 关于变量 $b$ 的图像（当 $x = 1$ 的情形），从该图中我们很容易观察到在经典破产时间的情形下，对应的 $V_1$ 的值更大，这种关系本质上是由第 2 段中回撤时间 $\tau_\xi$ 的定义决定的。注意到从初始本金 $X(0) = x = 1$ 开始，若在某个时间点 $t > 0$ 时有 $X(t) < 0$，那么就有 $0.8\overline{X}(t) - X(t) \geq 0.8 - X(t) > 0.8 > 0.5$。也就是说，对于 $y \geq 1$，直线 $\xi(y) = 0.8y - 0.5$ 是在直线 $\xi(y) = 0$ 之上的，因此，对应于回撤函数 $\xi(y) = 0.8y - 0.5$ 的回撤时间必然发生在 $\xi(y) = 0$ 对应的破产时刻之前。类似的关系也展示在图 5 - 3(b)中，其画出的是当初始本金 $x$ 从 0 增加到 10 时，$V_1(x)$ 关于 $x$ 的图像（当 $b = 10$ 的情形）。

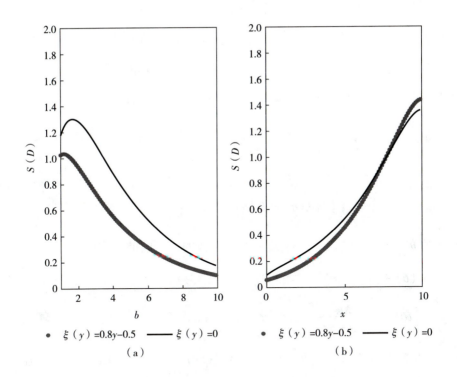

**图 5 - 4　带指数型跳的 Cramér - Lundberg 模型**

注：(a) 为当 $x = 1$ 时，$S(D)$ 随 $b$ $(b \geq x)$ 变化的趋势图；(b) 为当 $b = 10$ 时，$S(D)$ 随 $x$ $(x \leq b)$ 变化的趋势图。

图 5-4 比较了上面两种不同的回撤函数对应的标准偏差 $S(D)$ 的走势。可以看到，在大多数情况下，经典破产时刻的情形对应的标准差 $S(D)$ 都较高，这与常识相一致，即较长的时间周期会产生较大的波动性。但是，当图 5-4 (b) 中的 $x$ 的取值接近于 $b=10$ 时，一般线性回撤函数的情形会导致更高的 $S(D)$，这可能是由更频繁的红利支付所致。

### 二、跳扩散风险模型

设过程 $X(t)$ 是跳扩散风险模型的情形，即

$$X(t) = x + ct + \sigma W(t) - \sum_{i=1}^{N(t)} Y_i,$$

其中，$\sigma > 0$，$\{N(t),\ t \geq 0\}$ 是一个强度为 $\lambda$ 的 Poisson 过程，$Y_i(i=1,\ 2,\ \cdots)$ 是一列相互独立且都服从 Erlang$(2,\ \alpha)$ 分布的随机变量。利用 Laplace 逆变换以及部分分式积分（Loeffen，2008），$X_t$ 的尺度函数可写成

$$W^{(q)}(x) = \sum_{j=1}^{4} \mathrm{d}_j(q) \mathrm{e}^{\theta_j(q)x}, x \geq 0, \tag{5-26}$$

$$\mathrm{d}_j(q) = \frac{[\alpha + \theta_j(q)]^2}{\frac{1}{2}\sigma^2 \prod_{i=1,i\neq j}^{4} [\theta_j(q) - \theta_i(q)]}, \tag{5-27}$$

这里的 $\theta_j(q)$ $(j=1,\ \cdots,\ 4)$ 是下面多项式的（不同的）实根：

$$[\psi(\theta) - q](\alpha + \theta)^2$$

$$= \left[c\theta - \lambda + \frac{\lambda\alpha^2}{(\alpha + \theta)^2} + 0.5\sigma^2\theta^2 - q\right](\alpha + \theta)^2$$

$$= 0.5\sigma^2\theta^4 + (\alpha\sigma^2 + c)\theta^3 + (0.5\sigma^2\alpha^2 - \lambda - q + 2c\alpha)\theta^2 + [c\alpha^2 - 2(\lambda + q)\alpha] \cdot$$

$$\theta - q\alpha^2.$$

应用式 (5-9)、式 (5-26) 与式 (5-27) 的结果，可得到跳扩散过程下 $V_k(x)$ 的显示表达式为

$$\dot V_k(x) = k! \prod_{i=1}^{k} \frac{\displaystyle\sum_{j=1}^{4} d_j(i\delta) e^{\theta_j(i\delta)\bar\xi(b)}}{\displaystyle\sum_{j=1}^{4} d_j(i\delta)\theta_j(i\delta) e^{\theta_j(i\delta)\bar\xi(b)}} \times$$

$$\exp\left\{ -\int_x^b \frac{\displaystyle\sum_{j=1}^{4} d_j(k\delta)\theta_j(k\delta) e^{\theta_j(k\delta)\bar\xi(y)}}{\displaystyle\sum_{j=1}^{4} d_j(k\delta) e^{\theta_j(k\delta)\bar\xi(y)}} dy \right\}. \qquad (5-28)$$

我们将此例中的参数取值与回撤函数设定如下：$c = 1.1$，$\lambda = 2$，$\delta = 0.1$，$\alpha = 2$，$\sigma = 0.5$，$\xi(y) = 0.8y - 0.5$。当 $k = 1$ 时，有 $k\delta = 0.1$，那么对 $j = 1$，2，3，4，$\theta_j(0.1)$ 的解为 $\theta_1(0.1) = -10.3362$，$\theta_2(0.1) = -3.3511$，$\theta_3(0.1) = 0.9815$，$\theta_4(0.1) = -0.0941$。由式（5-27）可得 $d_1(0.1) = -0.6866$，$d_2(0.1) = 0.1482$，$d_3(0.1) = 1.3483$，$d_4(0.1) = -0.8099$。在表 5-3 中，我们列出了 $V_1(x)$ 在不同的 $x$ 与 $b$ 取值下对应的取值。另外，我们将 $V_1(x)$ 单独作为 $b$ 以及单独作为 $x$ 函数的图像分别展示在图 5-5 的（a）与（b）中。

表 5-3　跳扩散过程中，当 $x = 1$，2，3，4，5，

且 $b = 1$，2，$\cdots$，10 时，对应的 $V_1$ 的取值

| $x \backslash b$ | 1 | 2 | 3 | 4 | 5 | 6 | 7 | 8 | 9 | 10 |
|---|---|---|---|---|---|---|---|---|---|---|
| 1 | 0.72779 | 0.20596 | 0.06221 | 0.01973 | 0.00650 | 0.00220 | 0.00076 | 0.00027 | 0.00010 | 0.00003 |
| 2 | | 0.77737 | 0.23479 | 0.07449 | 0.02452 | 0.00830 | 0.00287 | 0.00101 | 0.00036 | 0.00013 |
| 3 | | | 0.82045 | 0.26028 | 0.08568 | 0.02901 | 0.01003 | 0.00353 | 0.00126 | 0.00045 |
| 4 | | | | 0.85702 | 0.28212 | 0.09551 | 0.03304 | 0.01162 | 0.00414 | 0.00149 |
| 5 | | | | | 0.88741 | 0.30044 | 0.10393 | 0.03656 | 0.01303 | 0.00469 |

在图 5-5 中，我们观察到 $V_1$ 的趋势类似于图 5-1 中 Cramér - Lundberg 模型所展示的结果，即函数 $V_1$ 随着屏障红利水平 $b$ 的增大而减小，随着初始

值 $x$ 的增大而增大。此外，如图 5-5（a）所示，当 $b$ 趋于无穷大时，$V_1$ 的极限为 0，这也恰好对应着图 5-5（b）中的初始值 0。此图与图 5-1 的一个明显的区别在于，在图 5-5 中，$V_1$ 在对应点的切线比图 5-1 中更加陡峭，这是因为当前模型中多了扩散扰动项，它导致其 $V_1$ 的变化速度比 Cramér-Lundberg 模型的结果更加明显。

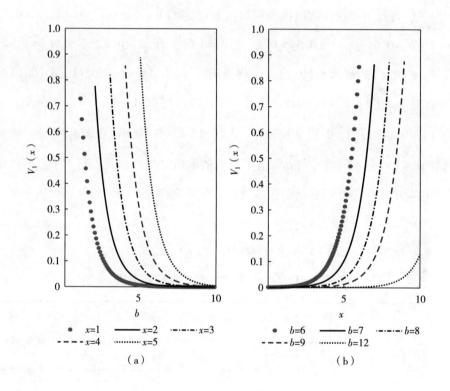

图 5-5　跳扩散过程

注：（a）为当 $x=1$，2，3，4，5 时，$V_1(x)$ 随 $b$ 变化的趋势图；（b）为当 $b=6$，7，8，9，12 时，$V_1(x)$ 随 $x$ 变化的趋势图。

当 $k=2$ 时，对 $j=1$，2，3，4，$\theta_j(0.2)$ 的解为 $\theta_1(0.2) = -10.4045$，$\theta_2(0.2) = -3.3365$，$\theta_3(0.2) = 1.1075$，$\theta_4(0.2) = -0.1665$。由式（5-27）可

求得 $d_1(0.2) = -0.6783$，$d_2(0.2) = 0.1435$，$d_3(0.2) = 1.1853$，$d_4(0.2) = -0.6504$。在表 5-4 中，我们列出了 $S(D)$ 在不同的 $x$ 与 $b$ 取值下对应的取值。另外，我们将 $S(D)$ 单独作为 $b$ 以及单独作为 $x$ 函数的图像分别展示在图 5-6 的(a)与(b)中。与 Cramér-Lundberg 模型的图形相比，在 $b$ 和 $x$ 相同的情况下，图 5-5 中的 $V_1$ 和图 5-6 中的 $S(D)$ 都较低。而且，图 5-6 中的"挂钩"效应比图 5-2 更不明显。我们推测，基于跳扩散过程的红利支付额对 $b$ 和 $x$ 的取值要比对 Cramér-Lundberg 模型更敏感。因此，随着 $b$ 的增加，红利支付的频率和数量都会迅速减少，从而导致 $V_1$ 和 $S(D)$ 迅速下降。

表 5-4　跳扩散过程中，当 $x=1$，2，3，4，5，

且 $b=1$，2，…，10 时，对应 $S(D)$ 的取值

| $x \backslash b$ | 1 | 2 | 3 | 4 | 5 | 6 | 7 | 8 | 9 | 10 |
|---|---|---|---|---|---|---|---|---|---|---|
| 1 | 0.69031 | 0.48751 | 0.27919 | 0.15600 | 0.08724 | 0.04904 | 0.02771 | 0.01572 | 0.00895 | 0.00510 |
| 2 | | 0.73178 | 0.52706 | 0.30834 | 0.17476 | 0.09868 | 0.05584 | 0.03170 | 0.01804 | 0.01030 |
| 3 | | | 0.76646 | 0.55968 | 0.33255 | 0.19050 | 0.10833 | 0.06161 | 0.03510 | 0.02003 |
| 4 | | | | 0.79481 | 0.58591 | 0.35218 | 0.20336 | 0.11628 | 0.06637 | 0.03791 |
| 5 | | | | | 0.81738 | 0.60668 | 0.36784 | 0.21370 | 0.12269 | 0.07024 |

　　从图 5-5 和图 5-6 中我们还可以看到一个有趣的现象，即对于固定的 $x$ 的取值，当 $b$ 接近无穷大时，$V_1$ 与 $S(D)$ 的极限都是有限常数。利用 MATLAB 编程进行计算，可得 $\lim\limits_{b \to \infty} V_1 = 1.0188$ 以及 $\lim\limits_{b \to \infty} S(D) = 0.8955$。事实上，出现这种结果是必然的。由式(5-28)可知，当 $j = 1$，2，3，4 时，其中含有的项 $d_j(q) e^{\theta_j(q)(0.8b+0.5)}$ 在满足 $\theta_j(q) < 0$ 时，其值趋于 0；当 $\theta_j(q) > 0$ 时，趋于有限的常数，这就解释了此种现象。

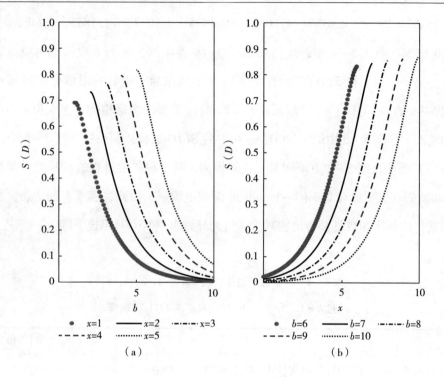

**图 5 – 6　跳扩散过程**

注：(a) 为当 $x=1$，2，3，4，5 时，$S(D)$ 随 $b$ 变化的趋势图；(b) 为当 $b=6$，7，8，9，10 时，$S(D)$ 随 $x$ 变化的趋势图。

与前一个例子类似，我们在图 5 – 7 和图 5 – 8 中，分别在一般线性回撤函数 $\xi(y) = 0.8y - 0.5$ 与经典破产问题对应的回撤函数函数 $\xi(y) \equiv 0$ 这两种情形下，对其中的 $V_1$ 与 $S(D)$ 趋势进行了比较。类似于 Cramér – Lundberg 模型，我们从破产问题的例子中获得了更高的 $V_1$ 与 $S(D)$ 值，这与常识是一致的，因为在更长的时间期限内，会有更多的预期红利和更大的波动性。

**注 5 – 7**　对于给定的初始本金 $x$，我们来说明最优屏障水平 $b^*$ 的选择问题。如果我们以最大化 $V_1(x)$（即最大化回撤时间之前的总红利期望现值）为标准，那么根据图 5 – 1 和图 5 – 5 可知，屏障红利水平应该选择尽可能小的值。但是，图 5-2 和图 5-6 的结果显示，较大的期望分红对应着较大的标准差，这意味着我们需要在最大化期望分红和最小化标准差之间找到一个平衡。要详细探讨这个问题，我们需要首先引入"最优性"的定义，还需要研究回撤时间的概率属性（该值是一个随机变量，其值也受屏障水平 $b$ 取值的影响，如较大的 $b$ 值会推迟分红的时间，因此，回撤时间也会推迟）。这个问题不在我们本章的研究范围之内，我们将会在下一步的研究工作中加以解决。

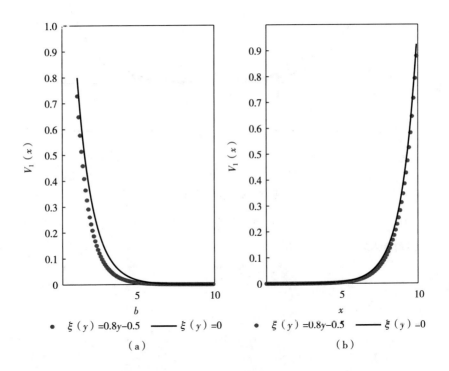

**图 5-7　跳扩散过程**

注：(a) 为当 $x=1$ 时，$V_1(x)$ 随 $b$（$b \geqslant x$）变化的趋势图；(b) 为当 $b=10$ 时，$V_1(x)$ 随 $x$（$x \leqslant b$）变化的趋势图。

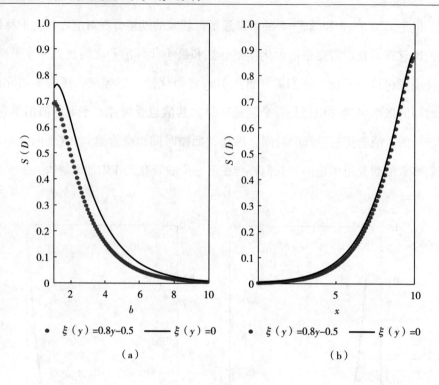

图 5-8　跳扩散过程

注：（a）为当 $x=1$ 时，$S(D)$ 随 $b$（$b \geqslant x$）变化的趋势图；（b）为当 $b=10$ 时，$S(D)$ 随 $x$（$x \leqslant b$）变化的趋势图。

# 第六章 谱负 Lévy 过程在棘轮策略下的分红及相关问题

本章专注于探讨谱负 Lévy 风险过程的 De Finetti 分红问题，其红利按照棘轮分红策略（Albrecher 等，2018）从盈余过程中进行扣除。该策略的显著特点是股息率永远不会降低。与常规关注经典破产时间问题的研究不同，利用对应于 Lévy 过程的尺度函数，本章推导了在棘轮分红策略下直到回撤时间（而不是破产时间）为止的总红利期望现值的表达式。同时，还给出了对应的最优棘轮边界满足的条件。最后，利用两个特殊例子，即带漂移的 Brown 运动和复合 Poisson 模型，来阐述主要结果对应的数值解。

## 第一节 引 言

在 20 世纪上半叶，精算师专注于通过计算破产概率来评估保险公司的稳定性。De Finetti（1957）在其开创性论文中指出了这种研究方法的弊端，并提出了另一种方法，即计算破产时间之前的总红利期望现值的方法，为 De Finetti 分红问题奠定了基础，它也一直是现在保险精算领域重要的研究主题。此外，Miller 和 Modigliani（1961）的经典著作还声称，公司的价值可以等同于无限期支付的总红利折现价值。简单来说，经典的 De Finetti 分红问题就是在一定条件下优化支付给股东红利的时间和数量。在 De Finetti（1957）的研究中，动态盈余过程遵循离散时间的随机游动，其结果表明屏障分红策略是最优策略，因为它可以产生公司的最大期望价值。从那时起，在适当的假设下，许多风险模型的研究结果都证明了屏障分红策略的最优性，相关的文献可参阅 Loeffen（2008），Loeffen 和 Renaud（2010），Yin 和 Wang（2009），Yuen 和 Yin（2011），Wang 和 Zhou（2018）等文献。

上一段给出的是在屏障分红策略下涉及最优性的一些结果。根据前面几章的知识可知，对于屏障分红策略，其支付的分红率可以是无限的。据此，公司的实控人须具有无限的控制分红大小的能力，然而这在现实生活中显然是不可行的。此外，尽管屏障分红策略在许多现有研究中被证明是最优策略，然而，由于对底过程参数的选择不同，其最优性很可能会消失。例如，从 Loeffen（2008）的研究可以看出，当底过程不满足具有完全单调密度的假设条件时，屏障分红策略不再是最优策略。另外，由于采用屏障分红策略的风险过程对应的最终破产概率为 1（Gerber 和 Shiu，2006），所以从这点上来说，此策略显然不会被保险公司所接受。因此，将目标策略限制在那些具有有界分红率的策略中，是非常合理的。

由第一章的知识可知，阈值分红策略是一个具有有界分红率的分红策略子类。对于该分红策略来说，盈余金高于阈值 $b$ 的部分以某固定比率进行扣除（即作为红利支付给股东），导致保险风险过程的运行轨道出现了转折，因此，该分红策略也被称为折射分红策略，它是由 Jeanblanc‐Picqué 和 Shiryaev（1995）以及 Asmussen 和 Taksar（1997）在研究带扩散扰动过程时引入的。其后，Gerber 和 Shiu（2006）在目标模型为 Cremér‐Lundberg 风险过程中也对此策略进行了研究。Lin 和 Pavlova（2006）研究了复合 Poisson 风险模型在阈值分红策略下的 Gerber‐Shiu 期望折现罚金函数问题。Shen 等（2013）用一种替代方法研究了谱负 Lévy 风险过程在阈值策略下的分红优化问题。Wan（2007）研究了一类带扩散扰动的对偶风险模型在阈值策略下的分红及相关问题。Zhi 和 Pu（2016）也研究了扰动对偶风险模型，并讨论了最优阈值水平满足的条件。最近，Peng 等（2019）以及 Liu 等（2020）还研究了带跳风险模型下的周期性阈值分红问题。关于阈值分红策略的更多介绍，可参阅 Gerber 和 Shiu（2006）和 Avanzi 等（2017）等文献。需要指出的是，对于 De Finetti 分红问题，其分红策略从上方限制了分红比率，在许多情况下它会使最优策略（总红利期望现值最大化）转变成阈值分红策略，相关的文献可参阅 Gerber 和 Shiu（2006），Cheung 等（2008），Ng（2009），Wei 等（2011），Shen 等（2013），Avanzi 等（2017），Arkin 和 Slastnikov（2017），Yang 等（2020）等。

对于阈值分红策略，需要注意一点：一旦保险公司的盈余金从高于水平 $b$ 下降到低于水平 $b$ 时，遵循此策略的分红率可能会降低到 0。然而，在实践中，有些从业者不愿接受分红支付率的下降，因为分红率的降低可能会对股东和公司的长期价值产生负面影响。考虑到这些因素，Albrecher 等（2018）引入了一种被称为棘轮策略的分红策略，该策略的分红比率将不会随着时间的推移而降低（但可能会增加），一旦风险过程达到某个 $b$ 时，分红率就会一直保持在较高的水平上，直到破产为止。棘轮策略代表了带约束限制的分红策略（除阈值分红策略外）的另一子类，在保险从业者中相对更容易被接受。与以往的研究相比，很多学者更希望能得到在棘轮分红策略下保险公司在破产之前的总期望红利现值的相关表达式，并对棘轮边界进行优化。在 Albrecher 等（2019）的最新文献中，作者们研究了经典的 Cramér – Lundberg 风险模型的二维最优控制问题，并证明了分红价值函数是相应的 HJB 方程的唯一粘性解。他们的研究结果还表明，通过采用具有有限数量分红率的棘轮策略，可以任意近似地逼近价值函数。关于棘轮策略的最新研究论文，还可以参阅 Angoshtari

等（2019），Zhang 和 Liu（2020）等。

　　但是，保险公司股东可能不会忽略这样一个问题：与阈值分红策略相比，实行棘轮分红策略不可避免地增加了破产风险，因为该策略需要对风险过程进行大量修改。为了解决这个问题，在本章中，回撤止损函数以及回撤时间将被引入 Lévy 风险过程，即风险过程在回撤时间之前根据棘轮分红策略扣除红利。实际上，经典的破产时间是回撤时间的简化版本（这一点在上一章中已作说明），由于其涉及更多的准备金，因此，在评估承担风险的保险公司的稳定性方面更为有效。此外，如果研究问题时采用回撤时间而非破产时间，则可以在保险业务终止时仍具有正盈余。因此，采用回撤时间止损能使保险公司在红利分配和偿付能力之间取得平衡，它也会为我们在处理棘轮分红时可能遇到的不利因素（如采用棘轮分红策略可能会带来更大的风险）提供很好的解决方案。

　　实际上，随着在风险管理和风险度量研究的显著进步，关于回撤时间的研究最近已在精算数学中引起了广泛关注，许多与破产时间问题相关的研究结果被拓展到了回撤时间版本中。例如，Avram 等（2017）考虑了一类带线性回撤函数的风险模型，并拓展了 Albrecher 等（2009）的研究结果。Wang 和 Zhou（2018）给出了 De Finetti 最优分红问题在一般回撤函数版本下的相关结果。最近，Wang 和 Zhou（2019b）在谱负 Lévy 风险过程中引入了回撤 Parisian 破产时间的概念，并获得了直到回撤 Parisian 破产时间之前，根据屏障分红策略进行支付的总期望红利现值的 $k$ 阶矩，这推广了 Czarna 和 Palmowski（2014）的研究结果。此外，Wang 和 Zhou（2019a）定义了一个带回撤函数且附带注资的反射风险过程，并推导出了几个与之相关的波动等式。Wang 和 Zhang（2019）研究了在一般回撤停时下的最优亏损结转赋税问题。对于回撤问题（包括回撤函数、回撤时间等）在风险理论中的应用，还可参阅 Chen 等（2015），Avram 等（2017），Wang 和 Ming（2018），

Wang 和 Zhang（2019），Ruan 等（2020），Wang 等（2020）以及 Zhang 等（2020）等文献。

在本章中，受 Wang 和 Zhang（2019），Wang 和 Zhou（2018），Wang 和 Zhou（2019a），Wang 和 Zhou（2019b），以及 Albrecher 等（2016）的启发，我们把一般回撤时间引入 Lévy 风险过程，且该过程按照棘轮策略对股东进行分红。我们将把 Albrecher 等（2018）的研究中涉及破产问题的结果推广到一般的回撤时间版本，同时获得在一般回撤时间之前的总红利期望现值的表达式。我们还研究了期望红利最大化时对应的最优棘轮边界满足的条件，且所有结果均使用 Lévy 风险过程的尺度函数进行表示。最后，考虑了尺度函数可给出显示表达式的两个特殊例子，即带漂移的 Brown 运动和带指数跳跃的复合 Poisson 过程。本章的贡献在于，我们的结果可以很好地解决棘轮分红策略带来的较大的破产风险，从而实现分红和偿付能力之间的平衡。值得一提的是，Albrecher 等（2018）的研究结果是本章将回撤函数进行特殊设定后的一个版本。

本章的其余部分安排如下：在第二节中，我们回顾了谱负 Lévy 过程、尺度函数、回撤时间的定义以及一般回撤时间下谱负 Lévy 过程关于出口问题的现有结果。在第三节中，我们推导了在棘轮分红策略下直到回撤时间之前的总期望红利现值的表达式。在第四节中，给出了判定最优棘轮屏障水平的标准。在第五节中，研究了两个特殊的 Lévy 风险过程，即带漂移的 Brown 运动和复合 Poisson 过程（其尺度函数可给出显示表达式），为相应的总期望折现红利提供了显式表达式，且通过函数图像与数据表呈现了主要结果的变化规律。

# 第二节　棘轮策略下的谱负 Lévy 过程

在本节中，我们将给出本章所研究的目标模型以及相关的预备知识。设 $Y = \{Y_t;\ t \geq 0\}$ 是定义在带 $\sigma$ 域流 $\{\mathcal{F}_t;\ t \geq 0\}$ 的概率空间 $(\Omega,\ \{\mathcal{F}_t;\ t \geq 0\},\ \mathbb{P})$ 上的谱负 Lévy 过程。用 $\mathbb{P}_x$ 表示给定 $Y_0 = x$ 下的条件概率，并用 $\mathbb{E}_x$ 表示对应的条件数学期望。为了符号上的方便，分别用 $\mathbb{P}$ 与 $\mathbb{E}$ 代替 $\mathbb{P}_0$ 与 $\mathbb{E}_0$。在本章中，没有进行红利支付的盈余底过程用 $Y = \{Y_t;\ t \geq 0\}$ 表示。同时，我们假设保险公司将根据 Albrecher 等（2018）提出的棘轮分红策略向其股东支付红利。也就是说，红利总是以常数 $c_1 \geq 0$ 的比率连续进行支付，并在某些时期以 $c_1 + c_2$ 的比率（其中 $c_2 > 0$）进行支付。首先，对所有 $t \geq 0$，引入修正盈余过程 $X_t = Y_t - c_1 t$，以及 $\tilde{X}_t = Y_t - (c_1 + c_2)t$，显然这两个过程也是谱负 Lévy 过程。

接着，将 $X$ 的 Laplace 指数定义为

$$\psi\ (\theta):\ = \log \mathbb{E}_x\ \left[ e^{\theta(X_1 - x)} \right],\ \theta \geq 0,$$

其是严格凸且无限可微的。

注意到尺度函数在分析谱负 Lévy 过程中起着关键作用。现在我们回顾一些与 $X$ 对应的尺度函数 $W_q(x)$ 与 $Z_q(x)$ 的定义。对于每个 $q \geq 0$，$W_q:\ [0,\ \infty) \rightarrow [0,\ \infty)$ 是唯一的、严格递增的，且具有 Laplace 变换的连续函数，即

$$\int_0^\infty e^{-\lambda x} W_q(x) \mathrm{d}x = \frac{1}{\psi(\lambda) - q},\ \lambda > \Phi_q,$$

其中，$\Phi_q$ 是方程 $\psi(\lambda) = q$ 的最大根（此方程最多有两个根）。为方便起见，我们将 $W_q(x)$ 的定义域扩展到整个实数轴，即当 $x < 0$ 时，令 $W_q(x) = 0$。此外，将与尺度函数 $W_q(x)$ 相关联的另一尺度函数 $Z_q(x)$ 定义为

$$Z_q(x) = 1 + q\int_0^x W_q(z)\,\mathrm{d}z\,,\ x \geqslant 0.$$

与上一章的假设类似，在本章中，我们假设 $W_q(x)$ 是可微的。利用 Kyprianou(2014) 的知识可知，当 $X$ 具有无界变差的样本路径时，或者当 $X$ 具有有界变差的样本路径且 Lévy 测度没有原子时，尺度函数 $W_q(x)$ 在 $(0,\infty)$ 上是连续可微的。读者还可以参阅 Kuznetsov 等（2012），Chan 等（2011），Landriault 和 Willmot(2019) 等文献进一步了解尺度函数平滑性的相关知识。此外，与前面定义 $X$ 对应的尺度函数 $W_q(x)$ 与 $Z_q(x)$ 相类似，可以为 $\{\tilde{X}_t;\ t \geqslant 0\}$ 定义对应的尺度函数 $\mathbb{W}_q(x)$ 和 $\mathbb{Z}_q(x)$。

下面定义关于过程 $X$ 的回撤函数与回撤时间。令 $\overline{X}_t = \sup_{0 \leqslant s \leqslant t} X_s$ 为 $X$ 的最大运行过程。如果对所有 $x \in \mathbb{R}$ 有 $\xi(x) < x$，则称在 $\mathbb{R}$ 上的可测函数 $\xi$ 为一般回撤函数。于是，过程 $X$ 关于固定水平 $b \geqslant 0$ 的首次上穿时间，以及 $X$ 关于回撤函数 $\xi$ 的回撤时间分别定义为

$$\tau_b^+: = \inf\{t \geqslant 0,\ X_t > b\},$$

$$\tau_\xi: = \inf\{t \geqslant 0,\ X_t < \xi(\overline{X}t)\},\tag{6-1}$$

按惯例约定 $\inf\phi = \infty$。

**注 6 - 1** 当 $\xi \equiv 0$ 时，回撤时间 $\tau_\xi$ 退化为经典破产时间。此外，当回撤函数为线性函数时，即对 $k < 1$，$\xi(\overline{X}_t) = k\overline{X}_t - \mathrm{d}$ 时，$X_t < \xi(\overline{X}_t)$ 可重新写成 $k\overline{X}_t - X_t > \mathrm{d}$，于是我们可以重新给出 $\tau_\xi$ 的解释，即盈余过程 $X_t$ 首次比过程 $k\overline{X}_t$ 低超过 d 个单位的时刻。而对于回撤函数 $\xi$ 是非线性形式的示例，可以参阅 Avram 等（2017）在研究中的相关介绍。

**注 6 - 2** 根据定义，回撤时间是盈余过程第一次从运行最大值过程下降到超过某个与盈余水平相关的时刻，它的这种性质确保了将其用于度量和管理极端风险的可行性。在实践中，人们可以根据风险管理的需要和对风险的态度来选择适合的回撤函数，如希望规避较大风险的保险公司可以选择较大振幅的

回撤函数；反之亦然。另外，保险公司还可以通过调整回撤函数，使在回撤时间到来的时刻其盈余金以较大的概率保持正值，相关文献可以参阅 Wang 和 Zhang（2019）以及 Wang 和 Zhou（2018）等；保险公司也可以将 $\xi(\overline{X}_t)$ 视为在其经营期间的一条警告线，以便及时采取行动避免出现更糟的情况，相关文献可以参阅 Wang 等（2020）。此外，值得一提的是，回撤函数也可以选择为负值，在这种情况下，回撤时间对应着绝对破产时间，相关文献可以参阅 Wang 和 Zhang（2019b）以及 Landriault 等（2017a，2019b）等。

下面的引理 6 - 1 将给出基于回撤时间的两边出口问题的重要结果，它将被用于展示我们下一节中的重要结论，其证明过程可参阅 Wang 和 Zhou（2018）以及 Li 等（2019）。

**引理 6 - 1** （与回撤相关的两边出口问题）对 $b \in [0, \infty)$ 以及 $x \in [0, b)$，一定有下面两等式成立：

$$\mathbb{E}_x(\mathrm{e}^{-q\tau_b^+}\mathbf{1}_{\{\tau_b^+ < \tau_\zeta\}}) = \exp\left\{-\int_x^b \frac{W'_q[\overline{\xi}(z)]}{W_q[\overline{\xi}(z)]}\mathrm{d}z\right\}, \tag{6-2}$$

$$\mathbb{E}_x(\mathrm{e}^{-q\tau_\zeta}\mathbf{1}_{\{\tau_\zeta < \tau_b^+\}}) = \int_x^b \exp\left\{-\int_x^z \frac{W'_q[\overline{\xi}(w)]}{W_q[\overline{\xi}(w)]}\mathrm{d}w\right\} \times$$

$$\left\{\frac{W'_q[\overline{\xi}(z)]}{W_q[\overline{\xi}(z)]}Z_q[\overline{\xi}(z)] - qW_q[\overline{\xi}(z)]\right\}\mathrm{d}z. \tag{6-3}$$

其中，$\overline{\xi}(z) := z - \xi(z)$。

**注 6 - 3** 在式（6 - 3）中，令 $b \to \infty$，我们可以得到关于 Lévy 风险过程的一般回撤时间的 Laplace 变换为

$$\mathbb{E}_x(\mathrm{e}^{-q\tau_\xi}) = \int_x^\infty \exp\left\{-\int_x^z \frac{W'_q[\overline{\xi}(w)]}{W_q[\overline{\xi}(w)]}\mathrm{d}w\right\} \times$$

$$\left\{\frac{W'_q[\overline{\xi}(Z)]}{W_q[\overline{\xi}(Z)]}Z_q[\overline{\xi}(z)] - qW_q[\overline{\xi}(z)]\right\}\mathrm{d}z. \tag{6-4}$$

# 第三节　对 $V_\xi(x)$ 的分析

在本节中，我们考虑具有一般回撤时间的棘轮分红策略，并获得关于总红利期望现值的主要结果。在屏障水平（有时也称之为棘轮边界）为 $b$ 的棘轮策略下，分红以固定的比率 $c_1 \geqslant 0$ 进行支付，直到盈余金过程第一次到达棘轮边界 $b$ 为止。此后，分红率将增加一个固定值 $c_2 > 0$，并按照增加后的分红率 $c_1 + c_2$ 一直运行下去。将直到时间 $t$ 为止的总累积分红表示为

$$D_t = \int_0^t (c_1 + c_2 1_{\{M_s \geqslant b\}}) \, \mathrm{d}s,$$

其中，$M_t := \sup_{0 \leqslant s \leqslant t} X_s$，那么扣除红利后的盈余过程为

$$U_t = Y_t - D_t = X_t - \int_0^t c_2 1_{\{M_s \geqslant b\}} \mathrm{d}s. \tag{6-5}$$

为了平衡红利的优化和偿付能力（见本章引言部分），我们考虑分红的价值函数，即直至回撤时间（而不是破产时间）之前的总累积红利的期望现值。首先，将棘轮策略下进行红利支付后的回撤时间定义为

$$\tau_\xi^u := \inf \{t \geqslant 0, \ U_t < \xi(\overline{U}_t)\},$$

其中，$\overline{U}_t = \sup_{0 \leqslant s \leqslant t} U_s$。于是，在棘轮策略下，回撤时间之前的总累积红利的期望现值可表示为

$$V_\xi(x) = \mathbb{E}_x \Big[ \int_0^{\tau_\xi^u} \mathrm{e}^{-qt} (c_1 + c_2 1_{\{M_t \geqslant b\}}) \, \mathrm{d}t \Big], \tag{6-6}$$

其中，$q$ 用来评价利息力度的大小。在本节中，我们的目标是在棘轮策略下获得直到回撤时间的总累积红利的期望现值的表达式。

下面，我们通过定理 6-1 给出用 $X$ 与 $\tilde{X}$ 的尺度函数表示的 $V_\xi$ 的表达式。

**定理 6-1** 在棘轮策略下，盈余过程 $U_t$ 在回撤时间之前总累积红利的期望现值可表示如下：

对 $x \in [b, \infty)$，有

$$V_\xi(x) = \frac{c_1 + c_2}{q} \left[ 1 - \int_x^\infty \exp\left( - \int_x^z \frac{\mathbb{W}'_q(\bar{\xi}(w))}{\mathbb{W}_q(\xi(w))} \mathrm{d}w \right) \times \right.$$

$$\left. \left( \frac{\mathbb{W}'_q(\bar{\xi}(z))}{\mathbb{W}_q(\bar{\xi}(z))} \mathbb{Z}_q(\bar{\xi}(z)) - q\,\mathbb{W}_q(\bar{\xi}(z)) \right) \mathrm{d}z \right], \tag{6-7}$$

对 $x \in [0, b)$，有

$$V_\xi(x) = \frac{c_1}{q} - \frac{c_1}{q} \int_x^b \exp\left\{ - \int_x^z \frac{W'_q[\bar{\xi}(w)]}{W_q[\xi(w)]} \mathrm{d}w \right\} \times$$

$$\left\{ \frac{W'_q[\bar{\xi}(z)]}{W_q[\bar{\xi}(z)]} Zq[\bar{\xi}(z)] - qW_q[\bar{\xi}(Z)] \right\} \mathrm{d}z +$$

$$\exp\left\{ - \int_x^b \frac{W'_q[\bar{\xi}(z)]}{W'_q[\bar{\xi}(z)]} \mathrm{d}z \right\} \left[ V_\xi(b) - \frac{c_1}{q} \right]. \tag{6-8}$$

**证明** （1）对于 $x \in [b, \infty)$，底过程从一开始就以 $c_1 + c_2$ 的分红率进行红利支付。在这种情况下，修正剩余过程可写成

$$U_t = Y_t - \int_0^t (c_1 + c_2) \mathrm{d}s = \tilde{X}_t,$$

且有

$$V_\xi(x) = (c_1 + c_2) \mathbb{E}_x \left( \int_0^{\tau_\xi^u} e^{-qt} \mathrm{d}t \right) = \frac{c_1 + c_2}{q} \mathbb{E}_x (1 - e^{-q\tau_\xi}), \tag{6-9}$$

其中，$\tilde{\tau}_\xi := \inf \{t \geq 0, \ \tilde{X}_t < \xi\ (\overline{\tilde{X}}_t)\}$。在 $\tilde{X}$ 的框架下，应用注 6-3，可立即得到式（6-7）。

（2）对于 $x \in [0, b)$，考虑在第一次下穿关于运行最大值过程的回撤函数线之前，修正过程是否会到达 $b$。如果该过程先到达屏障 $b$，即 $\tau_b^+ < \tau_\xi^u$，那么，在该时间点 $\tau_b^+$ 处使用强马尔可夫性，并由该点开始将分红率提高到 $c_1 +$

$c_2$，于是有

$$V_\xi(x) = c_1 \mathbb{E}_x\left(\mathbf{1}_{\{\tau_\xi^u < \tau_b^+\}} \int_0^{\tau_\xi^u} e^{-qt}\, dt\right) +$$

$$c_1 \mathbb{E}_x\left(\mathbf{1}_{\{\tau_b^+ < \tau_\xi^u\}} \int_0^{\tau_b^+} e^{-qt}\, dt\right) + \mathbb{E}_x\left(e^{-q\tau_b^+}\mathbf{1}_{\{\tau_b^+ < \tau_\xi^u\}}\right) V_\xi(b)$$

$$= \frac{c_1}{q} - \frac{c_1}{q}\mathbb{E}_x\left(e^{-q\tau_\xi^u}\mathbf{1}_{\{\tau_\xi^u < \tau_b^+\}}\right) -$$

$$\frac{c_1}{q}\mathbb{E}_x\left(e^{-q\tau_b^+}\mathbf{1}_{\{\tau_b^+ < \tau_\xi^u\}}\right) + \mathbb{E}_x\left(e^{-q\tau_b^+}\mathbf{1}_{\{\tau_b^+ < \tau_\xi^u\}}\right) V_\xi(b)$$

$$= \frac{c_1}{q} - \frac{c_1}{q}\mathbb{E}_x\left(e^{-q\tau_\xi}\mathbf{1}_{\{\tau_\xi < \tau_b^+\}}\right)$$

$$= - \mathbb{E}_x\left(e^{-q\tau_b^+}\mathbf{1}_{\{\tau_b^+ < \tau_\xi\}}\right)\left[V_\xi(b) - \frac{c_1}{q}\right], \tag{6-10}$$

其中，$V_\xi(b)$ 由式（6-7）给出。再根据引理 6-1 中涉及回撤时间的两边出口问题的公式，可以得到式（6-8）。定理证毕。

下面推论将给出在线性回撤函数 $\xi(x) = kx - a$ 下的 $V_\xi(x)$ 的表达式。

**推论 6-1**  给定 $k < 1$ 且 $a > 0$，那么，对 $x \in [b, \infty)$ 有

$$V_{kx-a}(x) = \frac{c_1 + c_2}{q}\left(1 - \mathbb{Z}_q[(1-k)x + a] + qk\{\mathbb{W}_q[(1-k)x + a]\}^{\frac{1}{1-k}} \times\right.$$

$$\left.\int_x^\infty (\mathbb{W}_q((1-k)z + a))^{\frac{-k}{1-k}}\, dz\right),$$

且对 $x \in [0, b)$ 有

$$V_{kx-a}(x) = \frac{c_1}{q}\left(1 - Z_q((1-k)x + a) + Z_q((1-k)b + a)\left(\frac{W_q((1-k)x + a)}{W_q((1-k)b + a)}\right)^{\frac{1}{1-k}} +\right.$$

$$qk(W_q((1-k)x + a))^{\frac{1}{1-k}}\int_x^b (W_q((1-k)z + a))^{\frac{-k}{1-k}}\, dz\Big) +$$

$$\left(\frac{W_q((1-k)x + a)}{W_q((1-k)b + a)}\right)^{\frac{1}{1-k}}\left(V_{kx-a}(b) - \frac{c_1}{q}\right).$$

**推论 6 - 2**　给定 $k = 1$ 且 $a > 0$，那么对 $x \in [b, \infty)$ 有

$$V_\xi(x) = \frac{c_1 + c_2}{q}\Big[1 - \mathbb{Z}_q(a) + q\frac{1}{W'_q(a)}\Big],$$

对 $x \in [0, b)$ 有

$$V_\xi(x) = \frac{c_1}{q}\Big[1 - Z_q(a) + q\frac{1}{W'_q(a)}\Big] - \Big\{\frac{c_1}{q}\Big[1 - Z_q(a) + q\frac{1}{W'_q(a)}\Big] -$$

$$\frac{c_1 + c_2}{q}\Big[1 - \mathbb{Z}_q(a) + q\frac{1}{\mathbb{W}'_q(a)}\Big]\Big\}\exp\Big[-\frac{W'_q(a)}{W_q(a)}(b - x)\Big].$$

**注 6 - 4**　若 $\xi(x) \equiv 0$，则回撤时间 $\tau_\xi^u = \inf\{t \geq 0, \ U_t < 0\}$ 退化为关于 $U_t$ 的经典破产时间，此时，式（6 - 7）与式（6 - 8）中的结果变为 Albrecher 等（2018）研究中的结果。

# 第四节　最优 $b^*$ 满足的条件

在本节中，对于固定的 $c_1$ 与 $c_2$，我们来寻找使 $V_\xi(x)$ 最大时对应的最优棘轮边界 $b^*$。为方便起见，分别用 $V_\xi^+(x)$ 和 $V_\xi^-(x, b)$ 表示式（6 - 7）和式（6 - 8）的右侧。对于固定的 $x \in [0, \infty)$，可以将关于 $b$ 的函数 $V_\xi(x, b)$ 以及 $V_\xi(x, b)$ 的整体最大值点 $b^*$ 分别定义为

$$V_\xi(x, b): = V_\xi^+(x)\mathbf{1}_{[0, x]}(b) + V_\xi^-(x, b)\mathbf{1}_{(x, \infty)}(b), \tag{6 - 11}$$

$$b^*: = \sup\{b_0 \geq 0 \mid V_\xi(x, b_0) \geq V_\xi(x, b), \ \forall b \geq 0\}. \tag{6 - 12}$$

因此，$b^*$ 表示最优分红的棘轮边界，它可以使直到回撤时间的总红利期望现值取到最大。为了书写方便，我们引入辅助函数

$$\iota_{\xi}(x) = \frac{W'_q[\bar{\xi}(x)]}{W_q[\bar{\xi}(x)]} Z_q[\bar{\xi}(x)] - qW_q[\bar{\xi}(x)],  \qquad (6-13)$$

$$\varrho_{\xi}(x) = \frac{W'_q[\bar{\xi}(x)]}{W_q[\bar{\xi}(x)]},  \qquad (6-14)$$

类似地，引入辅助函数

$$\widetilde{\iota}_{\xi}(x) = \frac{\mathbb{W}'_q[\bar{\xi}(x)]}{\mathbb{W}_q[\bar{\xi}(x)]} \mathbb{Z}_q[\bar{\xi}(x)] - q\mathbb{W}_q[\bar{\xi}(x)],  \qquad (6-15)$$

$$\widetilde{\varrho}_{\xi}(x) = \frac{\mathbb{W}'_q[\bar{\xi}(x)]}{\mathbb{W}_q[\bar{\xi}(x)]}.  \qquad (6-16)$$

下一结论给出了最优棘轮边界 $b^*$ 应满足的条件。

**性质 6-1**　给定 $c_1$，$c_2 > 0$ 且 $x \geqslant 0$，对于由式 (6-12) 确定的 $b^*$，如果 $b^* \in (x, \infty)$，那么 $b^*$ 一定是下列方程的一个解。

$$c_1 \left\{ \iota_{\xi}(b) + \varrho_{\xi}(b) \left[ \frac{q}{c_1} V_{\xi}(b) - 1 \right] \right\}$$

$$= (c_1 + c_2) \left\{ \widetilde{\varrho}_{\xi}(b) + \widetilde{\varrho}_{\xi}(b) \left[ \frac{q}{c_1 + c_2} V_{\xi}(b) - 1 \right] \right\}.  \qquad (6-17)$$

**证明**　对于给定的 $x \in [0, \infty)$，由式 (6-12) 可知，$V_{\xi}(x, b)$ 在 $[0, x]$ 上是水平的，即对于所有的 $b \in [0, x]$，有 $V_{\xi}(x, b) \equiv V_{\xi}^+(x)$，因此，最优棘轮边界 $b^* \in [x, \infty]$。另外，对于 $b^* \in (x, \infty)$，由式 (6-12) 可知，$b^*$ 必为方程 $\frac{\partial}{\partial b} V_{\xi}^-(x, b) = 0$ 的零点，即

$$0 = \frac{\partial}{\partial b} V_{\xi}^-(x, b)$$

$$= \exp\left( -\int_x^b \frac{W'_q(\bar{\xi}(w))}{W_q(\bar{\xi}(w))} \mathrm{d}w \right) \left[ -\frac{c_1}{q} \left( \frac{W'_q(\bar{\xi}(b))}{W_q(\bar{\xi}(b))} Z_q(\bar{\xi}(b)) - qW_q(\bar{\xi}(b)) \right) - \right.$$

$$\frac{W'_q(\bar{\xi}(b))}{W_q(\bar{\xi}(b))} \left( V_{\xi}^+(b) - \frac{c_1}{q} \right) + \frac{c_1 + c_2}{q} \left( \frac{\mathbb{W}'_q(\bar{\xi}(b))}{\mathbb{W}_q(\bar{\xi}(b))} Z_q(\bar{\xi}(b)) - q\,\mathbb{W}_q(\bar{\xi}(b)) \right) -$$

$$\frac{c_1 + c_2}{q} \frac{\mathbb{W}'_q(\bar{\xi}(b))}{\mathbb{W}_q(\bar{\xi}(b))} \int_b^\infty \exp\left( - \int_b^z \frac{\mathbb{W}'_q(\bar{\xi}(w))}{\mathbb{W}_q(\bar{\xi}(w))} dw \right) \times$$

$$\left( \frac{\mathbb{W}'_q(\bar{\xi}(x))}{\mathbb{W}_q(\bar{\xi}(x))} Z_q(\bar{\xi}(x)) - q\mathbb{W}_q(\bar{\xi}(x)) \right) dz \right]$$

$$= \exp\left( - \int_x^b \varrho_\xi(w) dw \right) \left[ - \frac{c_1}{q} \iota_\xi(b) - \varrho_\xi(b)\left( V_\xi(b) - \frac{c_1}{q} \right) + \right.$$

$$\left. \frac{c_1 + c_2}{q} \widetilde{\iota}_\xi(b) + \frac{c_1 + c_2}{q} \widetilde{\varrho}_\xi(b) \left( \frac{q}{c_1 + c_2} V_\xi(b) - 1 \right) \right].$$

重新整理上式即得式（6-17）。性质证毕。

下一命题从平滑性的角度来描述最优棘轮边界 $b^*$ 具有的性质。

**性质 6-2** 对于给定的 $c_1$，$c_2 > 0$，最优棘轮边界 $b^* \in (x, \infty)$ 恰是使函数 $V_\xi(x)$ 连续可微时对应 $b$ 的取值。

**证明** 对 $x \in [0, b)$，有

$$\frac{\partial}{\partial x} V_\xi(x) = \frac{c_1}{q} \left\{ \frac{W'_q[\bar{\xi}(x)]}{W_q[\bar{\xi}(x)]} Z_q[\bar{\xi}(x)] - qW_q[\bar{\xi}(x)] \right\} +$$

$$\exp\left\{ - \int_x^b \frac{W'_q[\bar{\xi}(w)]}{W_q[\bar{\xi}(w)]} dw \right\} \frac{W'_q[\bar{\xi}(x)]}{W_q[\bar{\xi}(x)]} \left[ V_\xi(b) - \frac{c_1}{q} \right] -$$

$$\frac{c_1}{q} \frac{W'_q[\bar{\xi}(x)]}{W_q[\bar{\xi}(x)]} \int_x^b \exp\left\{ - \int_x^z \frac{W'_q[\bar{\xi}(w)]}{W_q[\bar{\xi}(w)]} dw \right\} \times$$

$$\left\{ \frac{W'_q[\bar{\xi}(x)]}{W_q[\bar{\xi}(x)]} Z_q[\bar{\xi}(z)] - qW_q[\bar{\xi}(z)] \right\} dz$$

$$= \frac{c_1}{q} \left\{ \frac{W'_q[\bar{\xi}(x)]}{W_q[\bar{\xi}(x)]} Z_q[\bar{\xi}(x)] - qW_q[\bar{\xi}(x)] \right\} +$$

$$\exp\left[ - \int_x^b \varrho_\xi(x) dw \right] \varrho_\xi(x) \left[ V_\xi(b) - \frac{c_1}{q} \right] -$$

$$\frac{c_1}{q} \left\{ \frac{W'_q[\bar{\xi}(x)]}{W_q[\bar{\xi}(x)]} \right\} \int_x^b \exp\left[ - \int_x^z \varrho_\xi(w) dw \right] \iota_\xi(z) dz$$

$$= \frac{c_1}{q}\iota_\xi(x) + \exp\Big[-\int_x^b \varrho_\xi(w)\,\mathrm{d}w\Big]\varrho_\xi(x)\Big[V_\xi(b) - \frac{c_1}{q}\Big] -$$

$$\frac{c_1}{q}\varrho_\xi(x)\int_x^b \exp\Big[-\int_x^z \varrho_\xi(w)\,\mathrm{d}w\Big]\varrho_\xi(z)\,\mathrm{d}z, \qquad (6-18)$$

另外，对 $x \in [b, \infty)$，有

$$\frac{\partial}{\partial x}V_\xi(x) = -\frac{c_1 + c_2}{q}\frac{\mathbb{W}'_q[\bar{\xi}(x)]}{\mathbb{W}_q[\bar{\xi}(x)]}\int_x^\infty \exp\Big\{-\int_x^z \frac{\mathbb{W}'_q[\bar{\xi}(x)]}{\mathbb{W}_q[\bar{\xi}(x)]}\,\mathrm{d}w\Big\}\times$$

$$\Big\{\frac{\mathbb{W}'_q[\bar{\xi}(x)]}{\mathbb{W}_q[\bar{\xi}(x)]}\mathbb{Z}_q[\bar{\xi}(z)] - q\,\mathbb{W}_q[\bar{\xi}(z)]\Big\}\mathrm{d}z +$$

$$\frac{c_1 + c_2}{q}\Big\{\frac{\mathbb{W}'_q[\bar{\xi}(x)]}{\mathbb{W}_q[\bar{\xi}(x)]}\mathbb{Z}_q[\bar{\xi}(x)] - q\,\mathbb{W}_q[\bar{\xi}(x)]\Big\}$$

$$= \frac{c_1 + c_2}{q}\Big\{\frac{\mathbb{W}'_q[\bar{\xi}(x)]}{\mathbb{W}_q[\bar{\xi}(x)]}\mathbb{Z}_q[\bar{\xi}(x)] - q\,\mathbb{W}_q[\bar{\xi}(x)]\Big\} -$$

$$\frac{c_1 + c_2}{q}\Big\{\frac{\mathbb{W}'_q[\bar{\xi}(x)]}{\mathbb{W}_q[\bar{\xi}(x)]}\Big\}\int_x^\infty \exp\Big[-\int_x^z \widetilde{\varrho}_\xi(w)\,\mathrm{d}w\Big]\widetilde{\iota}_\xi(z)\,\mathrm{d}z$$

$$= \frac{c_1 + c_2}{q}\widetilde{\iota}_\xi(x) - \frac{c_1 + c_2}{q}\widetilde{\varrho}_\xi(x) \times$$

$$\int_x^\infty \exp\Big[-\int_x^z \widetilde{\varrho}_\xi(w)\,\mathrm{d}w\Big]\widetilde{\iota}_\xi(z)\,\mathrm{d}z. \qquad (6-19)$$

在式 (6-18) 与式 (6-19) 中，分别令 $x\uparrow b$ 和 $x\downarrow b$，于是可得

$$V'_\xi(b-) = \frac{c_1}{q}\iota_\xi(b) + \varrho_\xi(b)\Big[V_\xi(b) - \frac{c_1}{q}\Big], \qquad (6-20)$$

$$V'_\xi(b+) = \frac{c_1 + c_2}{q}\widetilde{\iota}_\xi(b) - \frac{c_1 + c_2}{q}\widetilde{\varrho}_\xi(b) \times \int_b^\infty \exp\Big[-\int_b^z \widetilde{\varrho}_\xi(w)\,\mathrm{d}w\Big]\widetilde{\iota}_\xi(z)\,\mathrm{d}z.$$

$$(6-21)$$

再利用式 (6-13)~式 (6-16) 中引入的辅助函数，式 (6-7) 可重新写成

$$\int_b^\infty \exp\Big[-\int_b^z \widetilde{\varrho}_\xi(w)\,\mathrm{d}w\Big]\widetilde{\iota}_\xi(z)\,\mathrm{d}z = 1 - \frac{q}{c_1 + c_2}V_\xi(b). \qquad (6-22)$$

将式（6-22）代入到式（6-21）中，可得

$$V'_{\xi}(b+) = -\frac{c_1+c_2}{q}\widetilde{\varrho}_{\xi}(b)\left[1-\frac{q}{c_1+c_2}V_{\xi}(b)\right]+\frac{c_1+c_2}{q}\widetilde{\iota}_{\xi}(b). \qquad (6-23)$$

再将上式与式（6-20）联立，于是可得 $V'_{\xi}(b-) = V'_{\xi}(b+)$，这与式（6-17）的结果一致。性质证毕。

# 第五节　两个特殊 Lévy 风险过程

本节将给出两个特殊的谱负 Lévy 风险过程的例子，即带漂移的 Brown 运动和复合 Poisson 风险模型。针对这两个例子，我们将给出直到回撤时间的总红利期望现值的显示表达式，并通过设定相关参数的特定数值来刻画主要结果的变化规律。

## 一、带漂移的 Brown 运动过程

**例 6-1**　设 $Y_t$ 表示带漂移的 Brown 运动过程，即

$$Y_t = x + \mu t + \sigma B_t, \quad t \geq 0,$$

其中，参数 $\mu > 0$，$\sigma > 0$，$\{B_t;\ t \geq 0\}$ 表示标准 Brown 运动。此例中，$X_t$ 与 $\widetilde{X}_t$ 对应的尺度函数分别为

$$W_q(x) = \kappa(\mathrm{e}^{\theta_1 x} - \mathrm{e}^{\theta_2 x}), \quad \mathbb{W}q(x) = \widetilde{\kappa}(\mathrm{e}^{\widetilde{\theta}_1 x} - \mathrm{e}^{\widetilde{\theta}_2 x}), \qquad (6-24)$$

$$\kappa = \left[(\mu - c_1)^2 + 2\sigma^2 q\right]^{-\frac{1}{2}},$$

$$\theta_2 = \frac{c_1 - \mu + \sqrt{(\mu - c_1)^2 + 2\sigma^2 q}}{\sigma_2},$$

$$\theta_2 = \frac{c_1 - \mu - \sqrt{(\mu - c_1)^2 + 2\sigma^2 q}}{\sigma_2},$$

$$\widetilde{\kappa} = \left[(\mu - c_1 - c_2)^2 + 2\sigma^2 q\right]^{-\frac{1}{2}},$$

$$\widetilde{\theta}_1 = \frac{(c_1 + c_2) - \mu + \sqrt{[\mu - (c_1 + c_2)]^2 + 2\sigma^2 q}}{\sigma^2},$$

$$\widetilde{\theta}_2 = \frac{(c_1 + c_2) - \mu - \sqrt{[\mu - (c_1 + c_2)]^2 + 2\sigma^2 q}}{\sigma^2}.$$

注意到上面关于尺度函数的结果并不难得到，详细推导过程可参阅 Wang 和 Zhang（2019），Liu 等（2020），等等。

对给定的 $x$，$q \geq 0$，通过一些代数运算，可得

$$Z_q(x) = \frac{q}{\theta_1} W_q(x) + \mathrm{e}^{\theta_2 x}, \quad \mathbb{Z}_q(x) = \frac{q}{\theta_1} W_q(x) + \mathrm{e}^{\widetilde{\theta}_2 x}. \qquad (6-25)$$

利用式（6-24）与式（6-25）给出的结果，可以验证

$$\varrho_\xi(x) = \frac{W'_q[\overline{\xi}(x)]}{W_q[\overline{\xi}(x)]} - \frac{\theta_1 \mathrm{e}^{\theta_1 \overline{\xi}(x)} - \theta_2 \mathrm{e}^{\theta_2 \overline{\xi}(x)}}{\mathrm{e}^{\theta_1 \overline{\xi}(x)} - \mathrm{e}^{\theta_2 \overline{\xi}(x)}}, \qquad (6-26)$$

$$
\begin{aligned}
\iota_\xi(x) &= \frac{W'_q[\overline{\xi}(x)]}{W_q[\overline{\xi}(x)]} Z_q[\overline{\xi}(x)] - q W_q[\overline{\xi}(x)] \\
&= \frac{q}{\theta_1} W'_q[\overline{\xi}(x)] + \frac{W'_q[\overline{\xi}(x)]}{W_q[\overline{\xi}(x)]} \mathrm{e}^{\theta_2 \overline{\xi}(x)} - q W_q[\overline{\xi}(x)] \\
&= \frac{q}{\theta_1} \kappa \left[\theta_1 \mathrm{e}^{\theta_1 \overline{\xi}(x)} - \theta_2 \mathrm{e}^{\theta_2 \overline{\xi}(x)}\right] + \frac{W'_q[\overline{\xi}(x)]}{W_q[\overline{\xi}(x)]} \mathrm{e}^{\theta_2 \overline{\xi}(x)} - q\kappa \left[\mathrm{e}^{\theta_1 \overline{\xi}(x)} - \mathrm{e}^{\theta_2 \overline{\xi}(x)}\right] \\
&= \frac{(\theta_1 - \theta_2) e^{(\theta_1 + \theta_2)\overline{\xi}(x)}}{\mathrm{e}^{\theta_1 \overline{\xi}(x)} - \mathrm{e}^{\theta_2 \overline{\xi}(x)}}. \qquad (6-27)
\end{aligned}
$$

类似地，可以验证

$$\widetilde{\varrho}_\xi(x) = \frac{\mathbb{W}'_q[\overline{\xi}(x)]}{\mathbb{W}_q[\overline{\xi}(x)]}$$

$$= \frac{\widetilde{\theta}_1 e^{\theta_1 \bar{\xi}(x)} - \widetilde{\theta}_2 e^{\theta_2 \bar{\xi}(x)}}{e^{\widetilde{\theta}_1 \bar{\xi}(x)} - e^{\widetilde{\theta}_2 \bar{\xi}(x)}}, \tag{6-28}$$

$$\widetilde{\iota}_\xi(x) = \frac{\mathbb{W}'_q[\bar{\xi}(x)]}{\mathbb{W}_q[\bar{\xi}(x)]} Z_q[\bar{\xi}(x)] - q\mathbb{W}_q[\bar{\xi}(x)]$$

$$= \frac{(\widetilde{\theta}_1 - \widetilde{\theta}_2) e^{(\widetilde{\theta}_1 + \widetilde{\theta}_2)\bar{\xi}(x)}}{e^{\widetilde{\theta}_1 \bar{\xi}(x)} - e^{\widetilde{\theta}_2 \bar{\xi}(x)}}. \tag{6-29}$$

于是，利用式（6-26）~式（6-29）的结果，我们可给出 $V_\xi(x)$ 的显示表达式，即当 $x \in [b, \infty)$ 时，

$$V_\xi(x) = \frac{c_1 + c_2}{q} \Big\{ 1 - \int_x^\infty \exp\Big[ -\int_x^z \widetilde{\varrho}_\xi(w)\,\mathrm{d}w \Big] \widetilde{\iota}_\xi(z)\,\mathrm{d}z \Big\}$$

$$= \frac{c_1 + c_2}{q} \Big\{ 1 - \int_x^\infty \exp\Big[ -\int_x^z \frac{\widetilde{\theta}_1 e^{\theta_1 \bar{\xi}(x)} - \widetilde{\theta}_2 e^{\theta_2 \bar{\xi}(x)}}{e^{\widetilde{\theta}_1 \bar{\xi}(x)} - e^{\widetilde{\theta}_2 \bar{\xi}(x)}} \Big]\mathrm{d}w \times$$

$$\frac{(\widetilde{\theta}_1 - \widetilde{\theta}_2) e^{(\widetilde{\theta}_1 + \widetilde{\theta}_2)\bar{\xi}(x)}}{e^{\widetilde{\theta}_1 \bar{\xi}(z)} - e^{\widetilde{\theta}_2 \bar{\xi}(z)}}\mathrm{d}z \Big\},$$

当 $x \in [0, b)$ 时，

$$V_\xi(x) = \frac{c_1}{q} - \frac{c_1}{q}\int_x^b \exp\Big[ -\int_x^z \varrho_\xi(w)\,\mathrm{d}w \Big]\iota_\xi(z)\,\mathrm{d}z +$$

$$\exp\Big[ -\int_x^b \varrho_\xi(z)\,\mathrm{d}z \Big]\Big[ V_\xi(b) - \frac{c_1}{q} \Big]$$

$$= \frac{c_1}{q}\Big\{ 1 - \int_x^b \exp\Big[ -\int_x^z \frac{\theta_1 e^{\theta_1 \bar{\xi}(w)} - \theta_2 e^{\theta_2 \bar{\xi}(w)}}{e^{\theta_1 \bar{\xi}(w)} - e^{\theta_2 \bar{\xi}(w)}}\mathrm{d}w \Big] \times \frac{(\theta_1 - \theta_2) e^{(\theta_1 + \theta_2)\bar{\xi}(x)}}{e^{\theta_1 \bar{\xi}(z)} - e^{\theta_2 \bar{\xi}(z)}}\mathrm{d}z \Big\} +$$

$$\exp\Big[ -\int_x^b \frac{\theta_1 e^{\theta_1 \bar{\xi}(w)} - \theta_2 e^{\theta_2 \bar{\xi}(w)}}{e^{\theta_1 \bar{\xi}(w)} - e^{\theta_2 \bar{\xi}(w)}}\mathrm{d}z \Big]\Big[ V_\xi(b) - \frac{c_1}{q} \Big].$$

下面给出一些特定的回撤函数以及参数取值，并通过 $V_\xi$ 关于 $b$ 的变换趋势图以及 $b^*$ 的数值解来说明主要结果的变化规律。考虑以下三个回撤函数：$\xi(x) = 0$，$\xi(x) = 0.2x - 0.2$ 以及 $\xi(x) = 0.5x - 0.2$。如注 6-1 中所述，当 $\xi = 0$ 时，$\tau_\xi$ 退化为经典破产时间，那么第一种回撤函数的情形可以看作是

在经典破产时间下的分红问题。对于线性回撤函数 $\xi(x) = 0.5x - 0.2$ 的情形，易知在首次回撤时间处有 $X_t < \xi(\overline{X}_t) = 0.5\overline{X}_t - 0.2$，此式可写成 $0.5\overline{X}_t - X_t > 0.2$，这也就是说，盈余金过程首次下降到迄今为止最大值过程的 50% 以下的 0.2 个单位处。实际上，此时可作为风险管理者采取某些行动的时间点，在这些时间点上管理者可以采取诸如提高保费率 $\mu$ 或向公司注入资金等方式以避免可能的灾难，相关文献可参阅 Zhang 和 Liu（2020）以及 Wang 等（2020），等等。

我们将盈余过程的参数取值设定如下：$\mu = 2$，$\sigma = 5$，$q = 0.01$。对于棘轮分红策略的 $c_1$ 与 $c_2$ 的取值，考虑以下三种情况：①$c_1 = 0$，$c_2 = 0.5$；②$c_1 = 0.1$，$c_2 = 0.5$；③$c_1 = 0.1$，$c_2 = 1$。在图 6 - 1 中，对于给定初始本金 $x = 1$，我们画出了在这三种情况下 $V_\xi$ 关于 $b$ 的变化趋势图。首先，从图 6 - 1（a）中可以很明显地看出，$V_\xi$ 是关于 $b$ 的递减函数。注意到在 $c_1 = 0$ 的情况下，当盈余过程开始时无须支付任何红利（假设棘轮边界 $b > x = 1$）；而当棘轮边界 $b$ 的值变大时，盈余金过程到达 $b$ 之上的机会就会变小，因此，预期的总红利现值较小。其次，从图 6 - 1（b）和（c）中可以看到，当 $b > 1$ 时，$V_\xi$ 关于 $b$ 先增后减，即 $V_\xi$ 是关于 $b$ 的凹函数。这种趋势可以通过以下两个方面来解释：一方面，较小的 $b$ 值意味着可以在有限时间内支付更多的红利，但同时也会导致修止过程对应的盈余金较少，因此，回撤时间可能来得更早。另一方面，当 $b$ 的值较大时，盈余过程更难以超过棘轮边界 $b$（即很难到达具有更大分红率的棘轮边界 $b$ 的上方），因此，直到回撤时间为止的预期总红利现值可能较少。最后，图 6 - 1（b）和（c）中 $V_\xi$ 的凹性促使我们去求解最优的棘轮边界 $b^*$，利用式（6 - 17），我们可以得到不同情况下对应的最优棘轮边界 $b^*$ 的值，如表 6 - 1 所示。

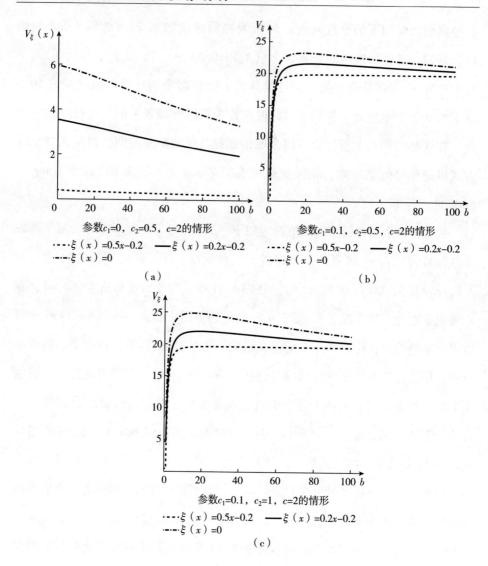

图 6 – 1　对于带漂移 Brown 运动的情形，当 $\lambda = \mu = 1$，

$q = 0.01$ 时，$V_\xi$ 关于 $b$ 的变化趋势图

表 6 – 1　带漂移 Brown 运动模型在三种回撤函数下对应的最优棘轮边界值

| 最优棘轮边界 $b^*$ | $\xi(x) = 0$ | $\xi(x) = 0.2x - 0.2$ | $\xi(x) = 0.5x - 0.2$ |
|---|---|---|---|
| $c_1 = 0.1$, $c_2 = 0.5$ | 18.53 | 22.92 | 36.70 |
| $c_1 = 0.1$, $c_2 = 1$ | 15.46 | 19.15 | 30.26 |

## 二、复合 Poisson 风险过程

**例 6 – 2** 设 $Y_t$ 表示复合 Poisson 风险过程，即

$$Y_t = x + ct - \sum_{i=1}^{N_t} Z_i, t \geq 0,$$

其中，$N = \{N_t\}_{t \geq 0}$ 是强度为 $\lambda > 0$ 的 Poisson 过程，$Z_i$ 是一列独立同指数分布的随机变量，其共同的参数为 $\mu$，且与 $N$ 相互独立。此外，令

$$X_t = x + (c - c_1)t - \sum_{i=1}^{N_t} Z_i, t \geq 0,$$

$$\widetilde{X}_t = x + (c - c_1 - c_2)t - \sum_{i=1}^{N_t} Z_i, t \geq 0.$$

于是，$X$ 与 $\widetilde{X}$ 对应的尺度函数分别为

$$W_q(x) = \frac{A_1}{c - c_1}e^{\theta_1 x} - \frac{A_2}{c - c_1}e^{\theta_2 x}, \quad \mathbb{W}_q(x) = \frac{\widetilde{A}_1}{c - c_1 - c_2}e^{\widetilde{\theta}_1 x} - \frac{\widetilde{A}_2}{c - c_1 - c_2}e^{\widetilde{\theta}_2 x},$$

$$(6 - 30)$$

$$A_1 = \frac{\mu + \theta_1}{\theta_1 - \theta_2}, \quad A_2 = \frac{\mu + \theta_2}{\theta_1 - \theta_2},$$

$$\theta_1 = \frac{\lambda + q - (c - c_1)\mu + K}{2(c - c_1)},$$

$$\theta_2 = \frac{\lambda + q - (c - c_1)\mu - K}{2(c - c_1)},$$

$$K = \sqrt{[(c - c_1)\mu - \lambda - q]^2 + 4(c - c_1)q\mu},$$

$$\widetilde{A}_1 = \frac{\mu + \widetilde{\theta}_1}{\widetilde{\theta}_1 - \widetilde{\theta}_2}, \quad \widetilde{A}_2 = \frac{\mu + \widetilde{\theta}_2}{\widetilde{\theta}_1 - \widetilde{\theta}_2},$$

$$\widetilde{\theta}_1 = \frac{\lambda + q - (c - c_1 - c_2)\mu + \widetilde{K}}{2(c - c_1 - c_2)},$$

$$\widetilde{\theta}_2 = \frac{\lambda + q - (c - c_1 - c_2)\mu - \widetilde{K}}{2(c - c_1 - c_2)},$$

$$\widetilde{K} = \sqrt{\left[ \left( c - c_1 - c_2 \right) \mu - \lambda - q \right]^2 + 4 \left( c - c_1 - c_2 \right) q\mu}.$$

利用式(6-30)，可知

$$Z_q(x) = 1 + \frac{qA_1}{\left( c - c_1 \right)\theta_1}\left( e^{\theta_1 x} - 1 \right) -$$

$$\frac{qA_2}{\left( c - c_1 \right)\theta_2}\left( e^{\theta_2 x} - 1 \right), \quad x, \ q \geqslant 0, \tag{6-31}$$

$$\mathbb{Z}_q(x) = 1 + \frac{q\widetilde{A}_1}{\left( c - c_1 - c_2 \right)\widetilde{\theta}_1}\left( e^{\widetilde{\theta}_1 x} - 1 \right) -$$

$$\frac{q\widetilde{A}_2}{\left( c - c_1 - c_2 \right)\widetilde{\theta}_2}\left( e^{\widetilde{\theta}_2 x} - 1 \right), \quad x, \ q \geqslant 0, \tag{6-32}$$

再利用式（6-30）与式（6-31）中的结果可得

$$\varrho_\xi(x) = \frac{W'_q\left[ \overline{\xi}(x) \right]}{W_q\left[ \overline{\xi}(x) \right]}$$

$$= \frac{A_1\theta_1 e^{\theta_1 \overline{\xi}(x)} - A_2\theta_2 e^{\theta_2 \overline{\xi}(x)}}{A_1 e^{\theta_1 \overline{\xi}(x)} - A_2 e^{\theta_2 \overline{\xi}(x)}}, \tag{6-33}$$

$$\iota_\xi(x) = \frac{W'_q\left[ \overline{\xi}(x) \right]}{W_q\left[ \overline{\xi}(x) \right]} Z_q\left[ \overline{\xi}(x) \right] - q W_q\left[ \overline{\xi}(x) \right]$$

$$= \frac{A_1\theta_1 e^{\theta_1 \overline{\xi}(x)} - A_2\theta_2 e^{\theta_2 \overline{\xi}(x)}}{A_1 e^{\theta_1 \overline{\xi}(x)} - A_2 e^{\theta_2 \overline{\xi}(x)}} \times$$

$$\left\{ 1 + \frac{qA_1}{\left( c - c_1 \right)\theta_1}\left[ e^{\theta_1 \overline{\xi}(x)} - 1 \right] - \frac{qA_2}{\left( c - c_1 \right)\theta_2}\left[ e^{\theta_2 \overline{\xi}(x)} - 1 \right] \right\} -$$

$$\frac{qA_1}{\left( c - c_1 \right)} e^{\theta_1 \overline{\xi}(x)} + \frac{qA_2}{\left( c - c_1 \right)} e^{\theta_2 \overline{\xi}(x)}$$

$$= \frac{1}{A_1 e^{\theta_1 \overline{\xi}(x)} - A_2 e^{\theta_2 \overline{\xi}(x)}} \times$$

$$\left\{\left[1-\frac{qA_1}{(c-c_1)\theta_1}+\frac{qA_2}{(c-c_1)\theta_2}\right]A_1\theta_1\mathrm{e}^{\theta_1\overline{\xi}(x)}-\right.$$

$$\left[1-\frac{qA_1}{(c-c_1)\theta_1}+\frac{qA_2}{(c-c_1)\theta_2}\right]A_2\theta_2\mathrm{e}^{\theta_2\overline{\xi}(x)}+$$

$$\left.\frac{qA_1A_2}{(c-c_1)}\left(2-\frac{\theta_1}{\theta_2}-\frac{\theta_2}{\theta_1}\right)\mathrm{e}^{(\theta_1+\theta_2)\overline{\xi}(x)}\right\}. \tag{6-34}$$

下面再将式（6-30）与式（6-32）代入到式（6-15）与式（6-16）中，立即得到

$$\widetilde{\varrho}_\xi(x)=\frac{\widetilde{A}_1\widetilde{\theta}_1\mathrm{e}^{\widetilde{\theta}_1\overline{\xi}(x)}-\widetilde{A}_2\widetilde{\theta}_2\mathrm{e}^{\widetilde{\theta}_2\overline{\xi}(x)}}{\widetilde{A}_1\mathrm{e}^{\widetilde{\theta}_1\overline{\xi}(x)}-\widetilde{A}_2\mathrm{e}^{\widetilde{\theta}_2\overline{\xi}(x)}}, \tag{6-35}$$

$$\widetilde{\iota}_\xi(x)=\frac{1}{\widetilde{A}_1\mathrm{e}^{\widetilde{\theta}_1\overline{\xi}(x)}-\widetilde{A}_2\mathrm{e}^{\widetilde{\theta}_2\overline{\xi}(x)}}\times$$

$$\left\{\left[1-\frac{q\widetilde{A}_1}{(c-c_1-c_2)\widetilde{\theta}_1}+\frac{q\widetilde{A}_2}{(c-c_1-c_2)\widetilde{\theta}_2}\right]\widetilde{A}_1\widetilde{\theta}_1\mathrm{e}^{\widetilde{\theta}_1\overline{\xi}(x)}-\right.$$

$$\left[1-\frac{q\widetilde{A}_1}{(c-c_1-c_2)\widetilde{\theta}_1}+\frac{q\widetilde{A}_2}{(c-c_1-c_2)\widetilde{\theta}_2}\right]\widetilde{A}_2\widetilde{\theta}_2\mathrm{e}^{\widetilde{\theta}_2\overline{\xi}(x)}+$$

$$\left.\frac{q\widetilde{A}_1\widetilde{A}_2}{(c-c_1-c_2)}\left(2-\frac{\widetilde{\theta}_1}{\widetilde{\theta}_2}-\frac{\widetilde{\theta}_2}{\widetilde{\theta}_1}\right)\mathrm{e}^{(\widetilde{\theta}_1+\widetilde{\theta}_2)\overline{\xi}(x)}\right\}. \tag{6-36}$$

结合式（6-7）、式（6-8）以及式（6-33）~式（6-36）的结果，则可以给出 $V_\xi(x)$ 的显示表达式，即当 $x\in[b,\infty)$ 时，

$$V_\xi(x)=\frac{c_1+c_2}{q}\left(1-\int_x^\infty\exp\left(-\int_x^z\widetilde{\varrho}_\xi(w)\mathrm{d}w\right)\widetilde{\iota}_\xi(z)\mathrm{d}z\right)$$

$$=\frac{c_1+c_2}{q}\left\{1-\int_x^\infty\exp\left(-\int_x^z\frac{\widetilde{A}_1\widetilde{\theta}_1\mathrm{e}^{\widetilde{\theta}_1\overline{\xi}(x)}-\widetilde{A}_2\widetilde{\theta}_2\mathrm{e}^{\widetilde{\theta}_2\overline{\xi}(x)}}{\widetilde{A}_1\mathrm{e}^{\widetilde{\theta}_1\overline{\xi}(x)}-\widetilde{A}_2\mathrm{e}^{\widetilde{\theta}_2\overline{\xi}(x)}}\mathrm{d}w\right)\times\right.$$

$$\frac{1}{\widetilde{A}_1\mathrm{e}^{\widetilde{\theta}_1\overline{\xi}(z)}-\widetilde{A}_2\mathrm{e}^{\widetilde{\theta}_2\overline{\xi}(z)}}\left[\left(1-\frac{q\widetilde{A}_1}{(c-c_1-c_2)\widetilde{\theta}_1}+\frac{q\widetilde{A}_2}{(c-c_1-c_2)\widetilde{\theta}_2}\right)\widetilde{A}_1\widetilde{\theta}_1\mathrm{e}^{\widetilde{\theta}_1\overline{\xi}(z)}-\right.$$

$$\left(1 - \frac{q\widetilde{A}_1}{(c-c_1-c_2)\widetilde{\theta}_1} + \frac{q\widetilde{A}_2}{(c-c_1-c_2)\widetilde{\theta}_2}\right)\widetilde{A}_2\widetilde{\theta}_2 e^{\widetilde{\theta}_2\overline{\xi}(z)} +$$

$$\frac{q\widetilde{A}_1\widetilde{A}_2}{(c-c_1-c_2)}\left(2 - \frac{\widetilde{\theta}_1}{\widetilde{\theta}_2} - \frac{\widetilde{\theta}_2}{\widetilde{\theta}_1}\right)e^{(\widetilde{\theta}_1+\widetilde{\theta}_2)\overline{\xi}(z)}\bigg]dz\bigg\},$$

当 $x \in [0, b)$ 时，

$$V_\xi(x) = \frac{c_1}{q} - \frac{c_1}{q}\int_x^b \exp\Big[-\int_x^z \widetilde{\varrho}_\xi(w)\,dw\Big]\widetilde{\iota}_\xi(z)\,dz +$$

$$\exp\Big[-\int_x^b \widetilde{\varrho}_\xi(z)\,dz\Big]\Big[V_\xi(b) - \frac{c_1}{q}\Big]$$

$$= \frac{c_1}{q}\bigg\{1 - \int_x^b \exp\bigg(-\int_x^z \frac{A_1\theta_1 e^{\theta_1\overline{\xi}(w)} - A_2\theta_2 e^{\theta_2\overline{\xi}(w)}}{A_1 e^{\theta_1\overline{\xi}(w)} - A_2 e^{\theta_2\overline{\xi}(w)}}\,dw\bigg)\frac{1}{A_1 e^{\theta_1\overline{\xi}(z)} - A_2 e^{\theta_2\overline{\xi}(z)}} \times$$

$$\bigg[\bigg(1 - \frac{qA_1}{(c-c_1)\theta_1} + \frac{qA_2}{(c-c_1)\theta_2}\bigg)A_1\theta_1 e^{\theta_1\overline{\xi}(z)} - \bigg(1 - \frac{qA_1}{(c-c_1)\theta_1} + \frac{qA_2}{(c-c_1)\theta_2}\bigg) \times$$

$$A_2\theta_2 e^{\theta_2\overline{\xi}(z)} + \frac{qA_1A_2}{(c-c_1)}\bigg(2 - \frac{\theta_1}{\theta_2} - \frac{\theta_2}{\theta_1}\bigg)e^{(\theta_1+\theta_2)\overline{\xi}(z)}\bigg]dz\bigg\} +$$

$$\exp\bigg(-\int_x^b \frac{A_1\theta_1 e^{\theta_1\overline{\xi}(z)} - A_2\theta_2 e^{\theta_2\overline{\xi}(z)}}{A_1 e^{\theta_1\overline{\xi}(z)} - A_2 e^{\theta_2\overline{\xi}(z)}}\,dz\bigg)\bigg(V_\xi(b) - \frac{c_1}{q}\bigg).$$

下面给出此例中 $b^*$ 的数值解以及函数 $V_\xi(x)$ 关于 $b$ 的变化趋势图。我们仍然考虑上一例子中设定的三个回撤函数：$\xi(x) = 0$，$\xi(x) = 0.2x - 0.2$ 以及 $\xi(x) = 0.5x - 0.2$。此外，我们将该模型的其他参数设定如下：$c = 2$，$\lambda = \mu = 1$，$q = 0.01$。对于棘轮分红策略中 $c_1$ 与 $c_2$ 的值，我们考虑三种情况：①$c_1 = 0$，$c_2 = 0.5$；②$c_1 = 0.1$，$c_2 = 0.5$；③$c_1 = 0.1$，$c_2 = 1$。在图 6 - 2（a）、（b）、（c）中，对于给定的初始本金 $x = 1$，我们分别画出了这三种情况下 $V_\xi$ 随 $b$ 的变化趋势图。其图形的变化规律可以与上一个例子进行类似解释。此外，利用式（6 - 17），还可以得到复合 Poisson 风险模型在不同情况下的最优棘轮边界 $b^*$ 的取值，如表 6 - 2 所示。

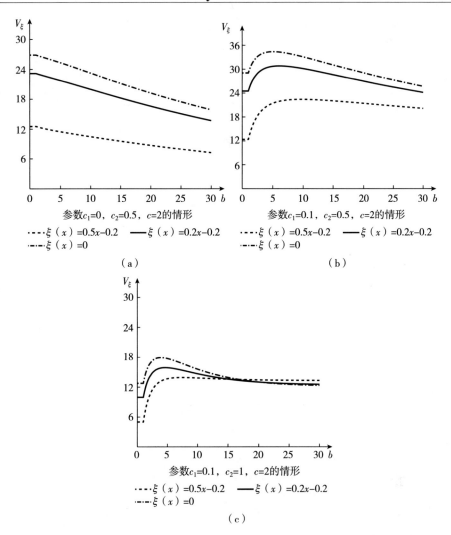

图 6-2　对于复合 Poisson 过程的情形，当 $\lambda = \mu = 1$；$q = 0.01$ 时，

$V_\xi$ 关于 $b$ 的变化趋势图

表 6-2　复合 Poisson 风险模型在三种回撤函数下对应的最优棘轮边界值

| 最优棘轮边界 $b^*$ | $\xi(x) = 0$ | $\xi(x) = 0.2x - 0.2$ | $\xi(x) = 0.5x - 0.2$ |
|---|---|---|---|
| $c_1 = 0.1,\ c_2 = 0.5$ | 5.06 | 6.09 | 9.72 |
| $c_1 = 0.1,\ c_2 = 1$ | 3.90 | 4.63 | 7.41 |

# 第四部分　带跳保险风险模型的分红与破产问题总结

# 第七章　分红与破产及相关问题

本章总结了本书前面几部分的研究内容，并阐述了相关结果与一些最新研究成果之间的进展和联系。

## 第一节　研究总结

在保险风险模型中，关于分红（策略）及相关问题的研究是目前保险数学的研究热点，其在风险管理领域有着诸多应用。我们考虑了对偶风险模型和几类带跳保险风险模型，分别讨论了其在阈值策略、混合策略、屏障策略以及棘轮策略下的分红及相关问题。其中，第三章研究的是带扩散扰动对偶风险模型在阈值分红策略下的分红问题，第四章研究的是带扰动对偶风险模型在混合分红策略下的分红及破产问题，第五章研究了带回撤时间的谱负 Lévy 过程在屏障策略下的分红问题，第六章研究了谱负 Lévy 风险过程在棘轮策略下的 De Finetti 分红问题；且利用 Lévy 过程的尺度函数，得到了不同目标函数对应的一般表达式。本书涉及的研究内容也出现在对债券或期权定价的研究中，相关文献可参阅 Avram 等（2002），Elliott 等（2005），Elliott 等（2014）以及 Deelstra 等（2020）等。同时，对其风险变量的研究也广泛应用在分红理论和保险精算的其他领域，相关文献可参阅 Gerber 和 Shiu（1998），Chan（1999），Avanzi（2009）以及 Yin 和 Wen（2013），等等。

此外，值得一提的是，本书考虑的几类保险风险模型都是可由 Lévy 过程进行刻画的带"跳"的保险风险模型。Lévy 过程是随机过程中最重要的过程之一，它可以将保险类公司的经营过程模拟为具有"平稳独立增量"属性的一般数学模型。在经典保险风险模型中，其风险过程用一个复合 Poisson 过程来模拟，与之对应地，当使用 Lévy 过程来模拟保险风险模型时，其保费率、扰动系数以及跳（一般将随机收入看成向上跳，将索赔看成向下跳）的大小可用 Lévy 三元组进行刻画。因此，与经典的保险风险模型相比，由 Lévy 过程驱动的一般保险风险模型其内容更加丰富，更具普适性。利用 Lévy 过程的许多好的性质（Kyprianou，2014），可以更好地刻画此类带跳保险风险模型中的风险变量。从应用上来说，本书研究由 Lévy 过程驱动的带跳保险风险模型在不同策略下的分红及相关问题，可以进一步丰富保险数学中关于分红理论的研究成果。

# 第二节　相关问题

本书借助于风险管理理论，以随机过程和随机分析为工具，研究由 Lévy 过程驱动的金融模型中若干风险变量（如交易费、分红、破产、回撤时间、回撤水平、Gerber – Shiu 函数等）的相依性问题及其最优策略问题。本书的内容涉及测度论、Lévy 过程理论、随机分析与数理金融等内容。Lévy 过程是随机过程中最重要的过程之一，它可以将保险类公司的运行过程模拟为此类带跳的数学模型；利用 Lévy 过程的许多好的性质（Kyprianou，2014），可以更好地刻画此类金融模型中的风险变量。近年来，Lévy 过程在风险管理和期权定价等领域有着大量的研究，参阅 Avram（2007），Carr 和 Wu（2004），Kyprianou（2006，2007），Maller（2006）等文献；同时，上述风险变量在运筹学、分红理论、保险精算等领域也有着广泛的应用，参阅 Alvarez 和 Lempa（2008），Alvarez（2004），Bai（2009）以及 Cadenillas 等（2006）文献。

金融风险理论是概率论应用研究的一个热点领域，主要用于研究商业活动的风险。经典的研究方法是用模型把保险公司经营过程中的控制变量（如初始资本、保费收入、赔付额等）用某个随机过程来模拟，并着重分析公司保证金盈余、分红、破产、注资、回撤时间、最大回撤资本额与市场中的利率及汇率等相关指标的相依性关系等问题。常见的模型包括经典的 Cramér - Lundberg 模型、对偶风险模型、扩散风险模型，以及由带跳 Lévy 过程驱动的金融风险模型等。Lundberg（1903）提出的 Cramér - Lundberg 经典风险模型是用一个具有时间齐次性和独立增量性的复合 Poisson 过程来描述的。随后，保险精算理论的研究出现了显著的与金融数学相结合的特点。De Finetti（1957）首先引入了障碍红利模型，并证明了支付红利的最佳方式是采用一种屏障（barrier）策略，将超过给定水平的所有盈余转移给受益人，即存在非负的常数（屏障 $b > 0$），当每次净盈余超过此常数时，超出的资本作为股息支付给保险公司的股东。从那时起，在数理金融和精算领域，出现了关于屏障分红（策略）问题的大量研究。Gerber（1969）详细分析了 Cramér - Lundberg 经典风险模型，并证明了其最优分红策略是 barrier 策略。Bühlmann（1970）阐述了研究各种风险模型的数学方法，使精算研究得到了迅速发展。其后，利用随机分析、变分不等式（QVI）和鞅理论等方法，Gerber 和 Shiu（1997，1998）将 Gerber - Shiu 期望折现罚金函数引入各种风险过程，在刻画有关经典风险模型精算量的研究方面取得了丰硕的成果。需要说明的一点是，在对各类金融模型中的风险变量进行研究时，其目标之一是讨论直到某个特定时间（如破产时间）的所有股息支付的现值的分布问题。Avanzi（2009）对不同风险模型的这些分布进行了详尽的综述；Dickson 和 Waters（2004）对经典复合 Poisson 风险过程进行了相关研究；Albrecher 等（2005）对具有广义 Erlang（n）的索赔时间的 Sparre Andersen 风险模型进行了相关研究；Li（2006）对带扩散扰动的风险模型进行了研究；Renaud 和 Zhou（2007），Kyprianou 和 Palmowski（2007）对一类无正跳的模型进行了研究；Wen 和 Yin（2012）对对偶风险模型进行了研究；Zhang 和 Cheung（2016）对底过程为 Markov 加法过程的风险模型进行了研究。关于这个主题的更多研究可以在 Gerber 和 Shiu（2004），Li 和 Wu（2008），Li 和 Lu（2009），Jiang 和 Pistorius（2012），Avanzi（2013），Afonso 等（2013），Cheung 等（2015）文献中找到。

与一般的金融风险模型的研究相比，Lévy 过程驱动的金融风险模型中各风险变量的研究其内容更加丰富。比如，经典风险模型只是给出了一般带索赔的保险模型，而 Lévy 过程驱动的保险风险模型则是一类涵盖最广的带跳的模型，其研究内容包括对分红、注资、破产等各种风险变量进行综合分析，使其更适用于刻画金融风险模型与期货交易模型等。Loeffen（2009）对谱负 Lévy 过程的脉冲分红策略做了研究，通过构造 q - 尺度函数来刻画最优控制策略，证明了这种脉冲控制策略在 Lévy 测度为对数凸条件下的唯一性。此外，他还对谱负 Lévy 过程下 de Finetti 最优屏障策略以及带终值的最优分红问题做了深入研究（Loeffen，2008，2009）。Yin 等（2014）研究了谱正 Lévy 过程下的最优门槛分红问题，并给出了其阈值策略下的最大值函数。近年来，有较多的学者给出了由 Lévy 过程驱动的金融风险模型的一些最新的研究成果，包括：Loeffen 等（2013），Shen 等（2013），Yamazaki（2016）等。受 Loeffen 和 Zhou 等工作的启发，Liu 等（2018）研究了带交易费和赋税的金融风险模型的风险控制与优化问题，并探讨了最优值函数存在的必要条件与充分条件，给出了涉及由 Lévy 过程驱动的金融风险模型的一些较好的研究结果。

对于由 Lévy 过程驱动的保险风险模型来说，除了具有负跳的谱负 Lévy 过程（一般指非单独向下跳的隶属子），还有具有正跳跃的 Lévy 风险模型（谱正 Lévy 过程），其旨在通过随机和不规则收益来抵消连续费用，示例包括基于研究或委托的公司。这种情况下的股息优化问题已引起广泛关注。Avanzi 和 Gerber（2008）以及 Avanzi 等（2007）研究了如何在对偶复合 Poisson 风险模型中计算直到破产的期望折现分红。Bayraktar 等（2013），Kyprianou 等（2012），Yinand Wen（2013）和 Zhao 等（2015）都对一般的谱正 Lévy 保险风险模型中的最优股利问题进行了研究。

在上面几项研究中，红利决策是连续进行的，这通常会导致非常不规则的红利支付。但是，实际上能够分配红利的公司会定期做出股息决定。Albrecher 等（2011）研究了 Cramér – Lundberg 模型中的随机分红决定时间，在这种情况下，红利支付时间之间不会发生破产。Albrecher 等（2011）考虑采用定期分红来持续监控偿付能力。Avanzi 等（2013，2014）研究了带布朗运动的符合 Poisson 风险模型。当周期性红利的股息间的决定时间为指数时，Pérez 和 Yamazaki（2016）证明了谱正 Lévy 过程的周期性障碍策略的最优性。当股利支付最大化时，肯定会破产；但是在某些情况下，通过注资挽救公司可能是有利可图的。这个想法最早出现于 Porteus（1977）的研究。姚等（2011）考虑了双重复合 Poisson 风险模型中的最优股利和注资问题。Avanzi 等（2011）讨论了具有扩散的双重复合 Poisson 模型中的注资问题。Bayraktar 等（2013）和 Zhao 等（2015）将他们的工作扩展到一般的光谱正 Lévy 过程。此外，交易成本通常包括两部分：比例成本和固定成本，它们都是保险业务活动中的重要因素。在 Avanzi 等（2011）的研究中，来自分红和注资的比例交易成本被纳入最优股利问题。Yao 等（2011）和 Zhao 等（2015）考虑了资本注入的比例成本和固定成本。Bayraktar 等（2014）研究了股息的固定成本问题。

注意到，Zhao 等（2017）讨论了谱正 Lévy 过程的最优周期股利和注资问题。对于定期股利，作者们假设像 Avanzi 等（2014）的研究结果一样，股利间的决定时间是指数的。Pérez 和 Yamazaki（2016）使用不同的方法讨论了注资问题（包括比例和固定交易成本）。对于超指数复合泊松正跳，Zhao 等（2017）的研究结果与 Avanzi（2011）等的结果是一致的。

近年来，除了对破产时间变量的研究以外，对回撤时间［风险模型的下降幅度（从运行最大值）超过预定阈值的时刻］的研究越来越吸引学者们的注意。此变量是由 Taylor（1975）首先提出的，他使用此变量给出了布朗运动关于回撤时间与运行最大值的联合 Laplace 变换。在金融领域中，回撤水平可以被理解为是衡量资金价值下降水平与历史峰值相比的一种绩效风险衡量指标，如股票价格或投资组合价值与其历史最大值相比的下降幅度。关于回撤时间的应用我们可参阅 Avram 等（2004）、Carraro 等（2012）、Loeen 等（2014）等文献，更多关于回撤时间的理论和应用研究可以参阅 Douady 等（2000），Zhou（2007），Pospisil 等（2009），Mijatovic 和 Pistorius（2012），Zhang（2015），Landriault 等（2015，2017，2018）等文献。

在精算领域，关于由 Lévy 过程驱动的金融风险模型的研究可分为两类：一类事先假定公司采用屏障策略或阈值策略，然后围绕最优的分红界或分红门槛展开，研究对象通常是与模型相关的金融风险变量，如期望折现分红、破产时刻、破产时赤字、G–S 函数等；另一类是相关风险变量或风险策略的最优性问题。这类问题可借助随机控制中的动态规划原理、Hamilton–Jacobi–Bellman（HJB）方程、拟变分不等式等工具来解决。Jeanblanc 和 Shiryaev（1995），Asmussen 和 Taksar（1997）在研究中把随机控制理论应用到风险模型中，通过 HJB 方程的方法分别得到了扩散模型下的最优投资（目标是最小破产概率和最大化指数效用）和最优分红策略，使该领域得到了迅速的发展，并开创了风险理论和随机最优控制理论相结合的先例。运用合理的手段（包括分红、投资、再保险等）对保险公司的盈余过程进行最优脉冲控制，从而最小化公

司的风险或最大化股东的利润，这属于保险精算领域的随机控制问题。Alvarez
(2004，2008) 研究了一类在线性扩散条件下最优随机脉冲控制问题的解决方
法，推导出了保证最优策略存在性与唯一性的较弱条件。He 等 (2009) 研究
了在固定交易费率下保险公司的最优融资与分红的随机控制问题，构建了两个
最理想的解决混合经典的脉冲控制问题模型类，使之更利于模拟实际的金融问
题。Bai (2009) 主要研究了随机控制理论在金融和保险中的应用。Dickson 和
Waters (2004) 提出股东在公司获得分红的同时，有义务在公司面临破产时注
入资金使公司的盈余资金保持非负，从而使公司可以继续运营，因此，注资策
略提供了可以令公司保持良性运营的手段。以往文献多数要求股东无条件地承
担所有可能的赤字，这样的注资策略当然有它独立的学术价值，但未必符合股
东的最大利益。注资相当于新的投资，应以换回足够的回报为前提，因此，分
红与注资策略同时优化就成了亟待解决的问题。Gerber 和 Shiu (2006)，Ku-
lenko 和 Schmidli (2008) 分别对经典保险模型下的注资策略进行了讨论，并
给出了满足最优策略的 HJB 方程。Avanzi 等 (2011) 研究了带分红和注资的
扩散对偶风险模型的最优分红问题，并给出了收入分布为超指数型分布时最优
策略满足的 HJB 方程，同时证明了最优分红界的存在性和唯一性。Albrecher
等 (2007，2008) 在相关的风险模型中加入了变税率，这是对分红领域的极
大创新。Zhang (2012) 研究了扩散扰动下复合 Poisson 风险模型的最优脉冲分
红，通过分析相应变分不等式的特征，给出最优分红策略。在相关研究成果的
基础上，Liu 等 (2018) 研究了一类带门槛分红、赋税、交易费和注资的金融
风险模型，通过 HJB 方程给出了此模型下的最优值函数以及最优策略，并推
广了 Avram 等 (2007) 以及 Bai 和 Guo (2010) 的研究成果。

目前，国内关于保险风险理论中的分红与破产等相关问题的研究已经有了
一定的基础和积累，有许多学者和专家从事相关理论的研究工作，但是对于带
跳的保险风险模型的分红与破产问题没有进行系统的总结，而这一方向目前是

国际概率论研究的热点领域。本书希望可以把国内有关学者在相关领域的积累、收获和经验与随机控制理论研究相结合，既能够及时追踪国外相关热点方向，又能与国内的研究积累相结合发展。本书用更能准确模拟保险市场运行规律的由 Lévy 过程驱动的保险风险模型来研究分红、破产、最优以及相关问题，将保险理论与金融风险理论相结合，把更贴近实际的分红与破产加入由 Lévy 过程驱动的金融风险模型中，一方面可以丰富分红理论的系列结果，另一方面可以进一步拓展保险风险理论领域的相关研究。

# 第八章　尺度函数的更多性质与应用

在本章中，我们不加证明地呈现了更多有关尺度函数的性质与应用。这对进一步研究带跳保险风险模型的相关结果有着极为重要的作用。

## 第一节　$W^{(q)}$ 与 $Z^{(q)}$ 的更多性质

在第一章中，对于谱负 Lévy 过程 $X(t)$，可将其上穿时间与下穿时间分别定义为

$$\tau_a^+ := \inf\{t > 0 : X(t) > a\} ; \quad \tau_b^- := \inf\{t > 0 : X(t) < b\}.$$

于是，对每个 $q \geq 0$，可给出关于单一与两边出口问题的重要结果（Sato，1999；Kyprianou，2014），并由此引出尺度函数，即存在函数族 $W(q): \mathbb{R} \to [0, \infty)$ 以及

$$Z^{(q)}(x) := 1 + q \int_0^x W(q)(y) \mathrm{d}y, x \in \mathbb{R},$$

使得下面等式成立。

对任意 $q \geq 0$，当 $x < 0$ 时，$W^{(q)} = 0$；当 $x \geq 0$ 时，$W^{(q)}$ 是严格递增且连续的函数，并且具有 Laplace 变换为

$$\int_0^\infty \mathrm{e}^{-\theta x} W^{(q)}(x)\,\mathrm{d}x = \frac{1}{\psi(\theta) - q}, \theta > \Phi(q).$$

对任意 $x \in \mathbb{R}$ 以及 $q \geqslant 0$,

$$\mathbb{E}_x(\mathrm{e}^{-q\tau_0^-} 1_{(\tau_0^- < \infty)}) = Z^{(q)}(x) - \frac{q}{\Phi(q)} W^{(q)}(x),$$

当 $q = 0$ 时,可看作上式在极限意义下的结果,即

$$\mathbb{P}_x(\tau_0^- < \infty) = \begin{cases} 1 - \psi'(0+) W^{(0)}(x) & \psi'(0+) \geqslant 0 \\ 1 & \psi'(0+) < 0, \end{cases}$$

对任意 $x \in \mathbb{R}$ 以及 $q \geqslant 0$,

$$\mathbb{E}_x[\mathrm{e}^{-q\tau_a^+} 1_{(\tau_a^+ < \tau_0^-)}] = \frac{W^{(q)}(x)}{W^{(q)}(a)},$$

$$\mathbb{E}_x[\mathrm{e}^{-q\tau_0^-} 1_{(\tau_a^+ > \tau_0^-)}] = Z^{(q)}(x) - Z^{(q)}(a)\frac{W^{(q)}(x)}{W^{(q)}(a)}.$$

其中,$\psi(\theta)$ 是 $X(t)$ 的 Laplace 指数,$\Phi(q)$ 是使方程 $\psi(\theta) = q$ 成立的最大根,即

$$\Phi(q) = \sup\{\theta \geqslant 0: \psi(\theta) = q\}.$$

在第一章的注 1 – 1 中,我们已经说明:对任意 $q \geqslant 0$,当 $x < 0$ 时,$W^{(q)} = 0$;当 $x \geqslant 0$ 时,$W(q)$ 是严格递增且连续的函数。特别地,当 $X(t)$ 的 Lévy 测度相对于 Lebesgue 测度是绝对连续时,或者 $X(t)$ 的样本轨道具有无界变差时,$W^{(q)}(x)$ 是可微的。下面,我们将不加证明地给出有关 $W$ 与 $Z$ 的更多性质,这些性质对于进一步研究与刻画带跳保险风险模型的相关结果有着极为重要的作用。

首先,让我们进一步探讨函数 $W^{(q)}(x)$ 和 $Z^{(q)}(x)$ 的解析性质。一般地,我们用 $W^{(q)}(x) \in C_1(0, +\infty)$ 表示 $W^{(q)}(x)$ 限制在 $(0, +\infty)$ 上是属于 $C_1(0, +\infty)$ 的。那么,有如下结论:

**定理 8 – 1** 对于所有 $q \geqslant 0$,函数 $W^{(q)}(x)$ 在 $(0, +\infty)$ 上具有左导数

和右导数，当且仅当量度 $n(\bar{\in}\,\mathrm{d}x)$ 没有原子时，两者一致。特别地，在这种情况下，$W^{(q)}(x)\in C_1(0,\ +\infty)$。

可以证明，如果 $X$ 是具有无界变差的过程，则 $n(\bar{\in}\,\mathrm{d}x)$ 没有原子。如果 $X$ 是具有有界变差的过程，那么可以构造一个 $n(\bar{\in}\,\mathrm{d}x)$ 至少有一个原子的例子，如考虑具有正漂移和负跳跃的复合 Poisson 过程的情况，其分布具有一个统一的原子。接下来，我们将呈现 $W^{(q)}(x)$ 和 $Z^{(q)}(x)$ 如何在参数 $q$ 中解析的扩展，相关结果可参阅 Bertoin(1997)。

**定理 8-2** 对于每个 $q\geqslant 0$，函数 $q\to W^{(q)}(x)$ 可以在 $q$ 上解析地扩展到 $\mathbb{C}$ 上。

假设对于每个 $c\geqslant 0$，我们记 $W_c^{(q)}(x)$ 为满足上面定理 8-1 和定理 8-2 且与测度 $\mathbb{P}_c$ 有关的函数。定理 8-1 允许我们为 $q$ 和 $c$ 的不同值的 $W_c^{(q)}(x)$ 建立以下关系：

**定理 8-3** 对于任何 $q\in\mathbb{C}$ 和 $c\in\mathbb{R}$，使 $\psi c<\infty$；对于所有 $x\geqslant 0$，一定有

$$W_c^{(q)}(x)=\mathrm{e}^{cx}W_c^{[q\psi(c)]}(x)。$$

利用前面两个定理的结果，很容易给出以下两个结论：

**定理 8-4** 对于每个 $q>0$，函数 $q\to Z^{(q)}(x)$ 可以在 $q$ 上解析地扩展到 $\mathbb{C}$ 上。

**定理 8-5** 对于所有 $q\geqslant 0$，当且仅当 $X$ 具有无界变差时，$W^{(q)}(x)\ =0$；当 $X$ 具有有界变差时，它等于 $1/\delta$，其中，$\delta>0$ 表示漂移率。

在下一段内容中，我们将阐述如何使用尺度函数 $W^{(q)}(x)$ 与 $Z^{(q)}(x)$ 来描述与单一和两边出口问题相关的位势测度，它可以帮助我们研究低于某个水平的首次穿越时间的过冲分布（Bertoin, 1997; Kyprianou, 2014）。下面我们引入位势测度及其相关概念，固定 $a>0$，令

$$\tau=\tau_a^+\wedge\tau_0^-。$$

对于 $x \in [0, a]$，可知对 $[0, a]$ 中的任何 Borel 集 $A$，以及 $(-\infty, 0)$ 中的任意 Borel 集 $B$，满足

$$P(X_\tau \in B, X_{\tau-} \in A)$$

$$= E\Big[ \int_{[0,\infty)} \int_{(0,\infty)} 1_{(\bar{X}_{t-} \le a, t_- \ge 0)} 1_{(y \in B - X_{t-})} N(\mathrm{d}t \times \mathrm{d}y) \Big]$$

$$= E\Big[ \int_0^\infty 1_{(t < \tau)} \Pi(B - X_t) 1_{(X_t \in A)} \mathrm{d}t \Big]$$

$$= E\Big[ \int_0^\infty \Pi(B - X_t) 1_{(t < \tau)} 1_{(X_t \in A)} \mathrm{d}t \Big]$$

$$= \int_A \Pi(B - y) U(a, x, \mathrm{d}y), \tag{9-1}$$

其中，$N$ 是与 $X$ 和 $U(a, x, \mathrm{d}y)$ 的跳跃相关的 Poisson 随机测度，这里的 $U(a, x, \mathrm{d}y)$ 可写成

$$U(a, x, \mathrm{d}y) := \int_0^\infty P_x(X_t \in \mathrm{d}y, \tau > t) \mathrm{d}t.$$

$U(a, x, \mathrm{d}y)$ 称其为从 $x$ 出发在退出 $[0, a]$ 时被停止的位势测度，我们也经常将其称为预解测度。更一般地，对于 $q \ge 0$，我们可以定义 $q$ 的位势测度，即

$$U^{(q)}(a, x, \mathrm{d}y) := \int_0^\infty \mathrm{e}^{-qt} P_x(X_t \in \mathrm{d}y, \tau > t) \mathrm{d}t.$$

与此同时，约定 $U^0 = U$。如果对于每个 $x [0, a]$，$U^{(q)}(a, x, \mathrm{d}y)$ 存在关于 Lebesgue 测度的密度，则我们称其为位势密度，并用 $u^{(q)}(a, x, \mathrm{d}y)$ 表示（其中 $u^0 = u$）。事实证明，对于谱负 Lévy 过程，不仅存在位势密度，而且我们还可以给出其半显示的表达式。定理 8-6 由 Bertoin（1997）提出，注意到在其陈述中，蕴含着结果：对于 $z < 0$，$W^n(z)$ 等于零。

**定理 8-6** 假设对于 $q \ge 0$，$U(q)(a, x, \mathrm{d}y)$ 表示 $x$ 出发在退出 $[0, a]$ 时被停止的谱负 Lévy 过程的 $q$ 位势测度，那么它的密度 $u^{(q)}(a, x, \mathrm{d}y)$ 可以

表示为

$$u^{(q)}(a, x, \mathrm{d}y) = \frac{W^{(q)}(x)\,W^{(q)}(a-y)}{W^{(q)}(a)} - W^{(q)}(x-y).$$

从定理 8 – 6 中易得到如下结果。

**定理 8 – 7**  对于 $q \geqslant 0$，在退出 $[0, \infty]$ 时被停止的谱负 Lévy 过程的 $q$ 位势测度的密度为

$$r^{(q)}(x, y) = \mathrm{e}^{\Phi(q)y}W^{(q)}(x) - W^{(q)}(x-y),$$

其中，$x \geqslant 0$，$y \geqslant 0$。

进一步，对于 $x \in \mathbb{R}$，$y \in \mathbb{R}$，可以定义 $X$ 的没有被停止的 $q$ 位势测度，即：

$$\Theta^{(q)}(x, \mathrm{d}y) := \int_0^\infty \mathrm{e}^{-qt} P_x(X_t \in \mathrm{d}y)\,\mathrm{d}t,$$

注意到，利用空间一致性，我们有

$$\Theta^{(q)}(x, \mathrm{d}y) = \Theta^{(q)}(0, \mathrm{d}y - x).$$

如果 $\Theta^{(q)}(x, \mathrm{d}y)$ 具有密度，那么对于某些函数 $\theta^{(q)}$，我们可以将其形式写成 $\theta^{(q)}(y-x)$。

于是，可以有下面结果（Kyprianou，2014）。

**定理 8 – 8**  对于 $q > 0$，谱负 Lévy 过程的 $q$ 位势密度由下式给出：

$$\theta^{(q)}(z) = \Phi'(q)\mathrm{e}^{\Phi(q)z} - W^{(q)}(-z),\ z \in \mathbb{R}.$$

现在我们总结这一部分内容，并给出极限状态下的结果，利用式（9 – 2），并注意到 $\tau = \tau_a^+ \wedge \tau_0^-$，可知对于 $z \in [-\infty, 0]$ 和 $y \in [0, a]$，有

$$\mathbb{P}_x(X_\tau \in \mathrm{d}z,\ X_{\tau-} \in \mathrm{d}y) = \Pi(\mathrm{d}z - y) \times \frac{W(x)W(a-y) - W(a)W(x-y)}{W(a)}\mathrm{d}y.$$

同样，当 $a$ 趋于无穷大时，可以得到极限情况下的结果为

$$\mathbb{P}_x(X_{\tau_0^-} \in \mathrm{d}z,\ X_{\tau_0^-} - \in \mathrm{d}y) = \Pi(\mathrm{d}z - y) \times [\mathrm{e}^{-\Phi(0)y}W(x) - W(x-y)]\mathrm{d}y.$$

在本节内容的最后，我们再呈现一个非常实用的定理来说明尺度函数 $W^{(q)}(x)$ 与 $Z^{(q)}(x)$ 在谱负 Lévy 过程的许多波动恒等式中所起的重要作用。首先，

对任意 $x$，$y \in [0, a]$，定义为

$$\overline{U}^{(q)}(a, x, \mathrm{d}y) = \int_0^\infty \mathrm{e}^{-qt} P(\overline{Y}_t^x \in \mathrm{d}y, \overline{\sigma}_a^x > t)\,\mathrm{d}t.$$

类似地，对任意 $x$，$y \in [0, a]$，定义为

$$\underline{U}^{(q)}(a, x, \mathrm{d}y) := \int_0^\infty \mathrm{e}^{-qt} P(\underline{Y}_t^x \in \mathrm{d}y, \underline{\sigma}_a^x > t)\,\mathrm{d}t,$$

其中，$\underline{Y}_t^x$ 与 $\overline{Y}_t^x$ 反映了该过程的最大取值反射过程与最小取值反射过程，即固定 $x \geq 0$，对任意 $t \geq 0$，过程为

$$\overline{Y}_t^x := (x \vee \overline{X}_t) - X_t,$$

$\overline{Y}_t^x$ 表示最大发射过程（初始值为 $x$）。

$$\underline{Y}_t^x := (x \vee \overline{X}_t) - X_t,$$

$\underline{Y}_t^x$ 表示最小反射过程（初始值为 $x$）。这里的 $\overline{\sigma}_a^x$ 与 $\underline{\sigma}_a^x$ 分别定义如下

$$\overline{\sigma}_a^x = \inf\{t > 0: \overline{Y}_t^x > a\},$$

$$\underline{\sigma}_a^x = \inf\{t > 0: \underline{Y}_t^x > a\}.$$

现在，我们给出本节最后一个重要结果，其详细证明过程可参阅 Pistorius (2004)，Doney (2005，2007)，Kyprianou (2014) 等。

**定理 8 - 9** 对于给定的 $a > 0$，$q \geq 0$，一定有

（1）对 $x$，$y \in [0, a]$，有

$$\overline{U}^{(q)}(a, x, \mathrm{d}y) = \left[W^{(q)}(a-x)\frac{W^{(q)}(0)}{W^{(q)}(a)}\right] +$$

$$\left[W^{(q)}(a-x)\frac{W^{(q)\prime}(0)}{W^{(q)\prime}(a)} - W^{(q)}(y-x)\right].$$

（2）对 $x$，$y \in [0, a]$，测度 $\underline{U}^{(q)}(a, x, \mathrm{d}y)$ 具有的密度形式为

$$u^{(q)}(a, x, y) = W^{(q)}(a-y)\frac{Z^{(q)}(x)}{Z^{(q)}(a)} - W^{(q)}(y-x).$$

# 第二节　第二尺度函数的应用

在本节中，我们将提供与 Lévy 过程有关的第二 $q$ 尺度函数的一些知识，以及在经典复合 Poisson 风险模型下用第二 $q$ 尺度函数表示的某些恒等式。如 Bertoin（1996）所述，对应于 Lévy 过程 $X$ 的尺度函数 $\{W^{(q)}; q \geqslant 0\}$ 定义如下：对于每个 $q \geqslant 0$，$W^{(q)}: [0, \infty) \to [0, \infty)$ 是通过 Laplace 变换唯一的严格递增且连续的函数，其 Laplace 变换为

$$\int_0^\infty \mathrm{e}^{-\theta x} W^{(q)}(x)\,\mathrm{d}x = \frac{1}{\psi(\theta) - q}, \theta > \Phi_q,$$

其中，$\Phi_q$ 是方程 $\psi(\theta) = q$ 的最大解（最多两个）。为方便起见，当 $x < 0$ 时，可令 $W^{(q)}(x) = 0$，由此将 $W^{(q)}$ 的定义域扩展到整个实数域。特别地，当 $q = 0$ 时，记 $W^{(q)}(x) = 0$。此外，通过以下方式，可定义与 $W^{(q)}(x)$ 密切相关的函数 $Z^{(q)}(x)$，

$$Z^{(q)}(x) = 1 + q\int_0^x W^{(q)}(z)\,\mathrm{d}z, q \geqslant 0, x \geqslant 0,$$

由其衍生出的函数 $\overline{Z}^{(q)}(x)$，即

$$\overline{Z}^{(q)}(x) = \int_0^x Z^{(q)}(z)\,\mathrm{d}z = x + q\int_0^z\int_0^y W^{(q)}(z)\,\mathrm{d}z\mathrm{d}y, q \geqslant 0, x \geqslant 0,$$

注意到，$W^{(q)}(x)$ 在负半轴上取值恒等于零，因此，当 $x \leqslant 0$ 时，有 $Z^{(q)}(x) = 1$ 且 $\overline{Z}^{(q)}(x) = x$。

下面，我们引入被称为第二 $q$ 尺度函数的 $Z^{(q)}(x, \theta)$，即

$$Z^{(q)}(x, \theta) = \mathrm{e}^{\theta x}\left\{1 + [q - \psi(\theta)]\int_0^x \mathrm{e}^{-\theta z} W^{(q)}(z)\,\mathrm{d}z\right\}, q, \theta \geqslant 0, x \geqslant 0,$$

保险风险模型的分红与破产分析

易知，当 $x<0$ 时，$Z^{(q)}(x,\theta)=e^{\theta x}$。注意到，当 $s=0$ 时有

$$Z^{(q)}(x,\theta)=Z^{(q)}(x),$$

当 $s>\Phi(q)$ 时，$Z^{(q)}(x,\theta)$ 可以写成如下形式：

$$Z^{(q)}(x,\theta)=[\psi(\theta)-q]\int_0^\infty e^{-\theta z}W^{(q)}(x+z)dz,x\geqslant 0,\theta\geqslant\Phi(q).$$

在以下部分，针对 Poisson 到达率 $\lambda>0$，漂移系数 $c$，带指数型跳跃且跳分布为 $F(x)=1-e^{-\mu x}$，$\mu>0$ 的复合 Poisson 过程，我们将给出 $W^{(q)}(x)$，$Z^{(q)}(x)$ 以及 $Z^{(q)}(x,\theta)$ 的一般表达式，即

$$W^{(q)}(x)=W_c^{(q)}(x)=\frac{A_1(q;c)}{c}e^{\theta_1(q;c)x}-\frac{A_2(q;c)}{c}e^{\theta_2(q;c)x},\quad x\geqslant 0,\qquad(9-2)$$

$$A_1(q;c)=\frac{\mu+\theta_1(q;c)}{\theta_1(q)-\theta_2(q;c)},$$

$$A_2(q;c)=\frac{\mu+\theta_2(q;c)}{\theta_1(q;c)-\theta_2(q;c)},$$

$$\theta_1(q;c)=\frac{\lambda+q-c\mu+\sqrt{(c\mu-\lambda-q)^2+4cq\mu}}{2c},$$

$$\theta_2(q;c)=\frac{\lambda+q-c\mu-\sqrt{(c\mu-\lambda-q)^2+4cq\mu}}{2c}.$$

进一步，$Z^{(q)}(x)$ 与 $Z^{(q)}(x,\theta)$ 可以计算如下：

$$Z^{(q)}(x):=Z_c^{(q)}(x)=1+q\int_0^x\Big[\frac{A_1(q;c)}{c}e^{\theta_1(q;c)y}-\frac{A_2(q;c)}{c}e^{\theta_2(q;c)y}\Big]dy$$

$$=1+\frac{qA_1(q;c)}{c\theta_1(q;c)}[e^{\theta_1(q;c)x}-1]-\frac{qA_2(q;c)}{c\theta_2(q;c)}[e^{\theta_2(q;c)x}-1]$$

$$=\frac{qA_1(q;c)}{c\theta_1(q;c)}\Big[e^{\theta_1(q;c)x}-\frac{qA_2(q;c)}{c\theta_2(q;c)}e^{\theta_2(q;c)x}\Big],\quad x\geqslant 0,$$

以及

$$Z^{(q)}(x,\theta):=Z^{(q)}(x,\theta)=e^{\theta x}\Big\{1+[q-\psi(\theta)]\int_0^x e^{-\theta z}W_c^{(q)}(z)dz\Big\}$$

· 158 ·

$$= e^{\theta x}\left(1 + (q - \psi(\theta))\left(\frac{A_1(q;\ c)}{c(\theta_1(q;\ c) - \theta)}(e^{(\theta_1(q;c) - \theta)x} - 1) - \right.\right.$$

$$\left.\left.\frac{A_2(q;\ c)}{c(\theta_2(q;\ c) - \theta)}(e^{(\theta_2(q;c) - \theta)x} - 1)\right)\right)$$

$$= \left(1 - \frac{(q - \psi(\theta))A_1(q;\ c)}{c(\theta_1(q;\ c) - \theta)} + \frac{(q - \psi(\theta))A_2(q;\ c)}{c(\theta_2(q;\ c) - \theta)}\right)e^{\theta x} +$$

$$\frac{(q - \psi(\theta))A_1(q;\ c)}{c(\theta_1(q;\ c) - \theta)}e^{\theta_1(q;c)x} - \frac{(q - \psi(\theta))A_2(q;\ c)}{c(\theta_2(q;\ c) - \theta)}e^{\theta_2(q;c)x},$$

其中，$\theta \geqslant 0$，$x \geqslant 0$。

# 第九章  研究展望

在各种分红策略下，对带跳保险风险模型的研究远不止文中所涉及的这几类。就本书所研究的保险风险模型以及分红策略而言，还可以做以下几个方面的推广。

第一部分提到了保险风险模型在脉冲（$c_1$，$c_2$）策略下的分红问题。Loeffen（2009）研究了谱负 Lévy 过程在 Lévy 测度具有对数凸密度时的最优脉冲分红问题。下一步，可将目标模型设定在谱正 Lévy 过程下进行考虑，并在模型中加入固定和比例赋税变量，由此讨论相应的最优脉冲控制问题。

第二部分的第三章分析了对偶保险风险模型在阈值策略下的分红问题，推导了破产前总分红现值期望函数满足的积分微分方程组以及与之等价的更新方程组。可以将对分红问题的分析类似推广到对破产概率的刻画上，可以用类似于 Wan（2007）在研究中使用的方法来分析破产时刻的 Laplace 变换等。此外，对于经典 Cramér – Lundberg 保险风险模型的对偶过程可以用一个谱正 Lévy 过程来刻画，因此，本部分的结果也可一般化为带正跳的谱正 Lévy 过程对保险风险模型进行研究。该类问题在当前保险风险理论的研究领域是一个热门话题，同时它在一系列带跳的保险风险模型所衍生的问题研究中扮演着非常重要的角色。

第二部分的第四章研究了带扰动对偶风险模型在混合分红策略下的分红与破产问题。注意到，在此混合策略下的定期分红时间间隔是服从指数分布的，我们可将其推广到 Erlang（n）分布中，并由此求解对应的总红利期望现值以及破产时间的 Laplace 变换的一般表达式。另外，由于谱正 Lévy 过程是一般对偶风险过程的推广，且在第四章的注 4 - 3 中已使用波动理论对文中分析的结果做了验证。因此，可考虑将目标模型从带扰动的对偶风险模型推广到一般的谱正 Lévy 过程下进行研究，得出更一般情形下的结果。

第三部分的第五章研究了带回撤时间的谱负 Lévy 过程在屏障策略下的分红问题。进一步地，可以考虑将其中的屏障策略替换为阈值策略，并在此情况下推导出直到回撤时间的总红利现值的 $k$ 阶矩以及其 Laplace 变换的一般表达式。同时，还可以思考此时回撤时间变量的特征怎么去刻画，并尝试使用尺度函数给出回撤时间满足的数学表达式。

第三部分的第六章研究了谱负 Lévy 风险过程在棘轮策略下的 De Finetti 分红问题。在此基础上，可进一步探讨谱正 Lévy 过程下的棘轮分红问题，并给出其最优棘轮边界应满足的条件。另外，我们注意到，在经典 Cramér - Lundberg 风险模型下，Albrecher 等（2019）利用 HJB 方程研究了二维棘轮分红问题，受他们工作的启发，我们可以在一般谱负 Lévy 风险过程以及回撤时间变量下进一步探讨二维棘轮分红问题。

# 参考文献

[1] Afonso L. B. , Cardoso R. M. R. , Dos Reis A. D. E. Dividend problems in the dual risk model [J] . Insurance: Mathematics and Economics, 2013, 53 (3): 906 –918.

[2] Albrecher H. , Hipp C. Lundberg's risk process with tax [J] . Blatter der DGVFM, 2007, 28 (1): 13 –28.

[3] Albrecher H. , Azcue P. , Muler N. Optimal ratcheting of dividends in insurance [J] . SIAM Journal on Control and Optimization, 2020, 58 (4): 1822 –1845.

[4] Albrecher H. , Bäuerle N. , Bladt M. Dividends: From refracting to ratcheting [J] . Insurance: Mathematics and Economics, 2018 (83): 47 –58.

[5] Albrecher H. , Bäuerle N. , Thonhauser S. Optimal dividend – payout in random discrete time [J] . Statistics and Risk Modeling with Applications in Finance and Insurance, 2011, 28 (3): 251 –276.

[6] Albrecher H. , Cheung E. C. , Thonhauser S. Randomized observation periods for the compound Poisson risk model: Dividends [J] . ASTIN Bulletin: The Journal of the IAA, 2011, 41 (2): 645 –672.

[7] Albrecher H. , Cheung E. C. , Thonhauser S. Randomized observation periods for the compound Poisson risk model: The discounted penalty function [J] .

Scandinavian Actuarial Journal, 2013 (6): 424 - 452.

[8] Albrecher H. , Claramunt M. M. , Mármol M. On the distribution of dividend payments in a Sparre Andersen model with generalized Erlang (n) interclaim times [J] . Insurance: Mathematics and Economics, 2005, 37 (2): 324 - 334.

[9] Albrecher H. , Hartinger J. , Thonhauser S. On exact solutions for dividend strategies of threshold and linear barrier type in a Sparre Andersen model [J] . ASTIN Bulletin: The Journal of the IAA, 2007, 37 (2): 203 - 233.

[10] Albrecher H. , Ivanovs J. , Zhou X. Exit identities for Lévy processes observed at Poisson arrival times [J] . Bernoulli, 2016, 22 (3): 1364 - 1382.

[11] Albrecher H. , Thonhauser S. Optimality results for dividend problems in insurance [J] . RACSAM - Revista de la Real Academia de Ciencias Exactas, Fisicasy Naturales. Serie A. Matematicas, 2009, 103 (2): 295 - 320.

[12] Alvarez L. H. R. , Rakkolainen T. A. Optimal payout policy in presence of downside risk [J] . Mathematical Methods of Operations Research, 2009 (69): 27 - 58.

[13] Alvarez L. H. R. A class of solvable impulse control problems [J] . Applied Mathematics and Optimization, 2004, 49 (3): 265 - 295.

[14] Alvarez L. H. R. , Lempa J. On the optimal stochastic impulse control of linear diffusions [J] . Siam Journal on Control and Optimization, 2008, 47 (2): 703 - 732.

[15] Angoshtari B. , Bayraktar E. , Young V. R. Optimal dividend distribution under drawdown and ratcheting constraints on dividend rates [J] . SIAM Journal on Financial Mathematics, 2019, 10 (2): 547 - 577.

[16] Arkin V. , Slastnikov A. On the threshold strategies in optimal stopping problems for diffusion processes [J] . Journal of Applied Probability, 2017, 54

(3): 963 - 969.

[17] Asmussen S. , Højgaard B. , Taksar M. Optimal risk control and dividend distribution policies [A] //Example of excess - of loss reinsurance for an insurance corporation [J]. Finance and Stochastics, 2000, 4 (3): 299 - 324.

[18] Asmussen S. , Taksar M. Controlled diffusion models for optimal dividend pay - out [J]. Insurance: Mathematics and Economics, 1997, 20 (1): 1 - 15.

[19] Avanzi B. Strategies for dividend distribution: A review [J]. North American Actuarial Journal, 2009, 13 (2): 217 - 251.

[20] Avanzi B. , Cheung E. C. , Wong B. , et al. On a periodic dividend barrier strategy in the dual model with continuous monitoring of solvency [J]. Insurance: Mathematics and Economics, 2013, 52 (1): 98 - 113.

[21] Avanzi B. , Gerber H. U. Optimal dividends in the dual model with diffusion [J]. ASTIN Bulletin: The Journal of the IAA, 2008, 38 (2): 653 - 667.

[22] Avanzi B. , Gerber H. U. , Shiu E. S. W. Optimal dividends in the dual model [J]. Insurance: Mathematics and Economics, 2007, 41 (1): 111 - 123.

[23] Avanzi B. , Lau H. , Wong B. Optimal periodic dividend strategies for spectrally positive Lévy risk processes with fixed transaction costs [J]. Insurance: Mathematics and Economics, 2020 (93): 315 - 332.

[24] Avanzi B. , Pérez J. L. , Wong B. , et al. On optimal joint reflective and refractive dividend strategies in spectrally positive Lévy models [J]. Insurance: Mathematics and Economics, 2017 (72): 148 - 162.

[25] Avanzi B. , Shen J. , Wong B. Optimal dividends and capital injections in the dual model with diffusion [J]. ASTIN Bulletin: The Journal of the IAA, 2011, 41 (2): 611 - 644.

[26] Avanzi B. , Tu V. , Wong B. On optimal periodic dividend strategies in the dual model with diffusion [J] . Insurance: Mathematics and Economics, 2014 (55): 210 – 224.

[27] Avanzi B. , Tu V. , Wong B. On the interface between optimal periodic and continuous dividend strategies in the presence of transaction costs [J] . ASTIN Bulletin: The Journal of the IAA, 2016, 46 (3): 709 – 746.

[28] Avram F. , Chan T. , Usabel M. On the valuation of constant barrier options under spectrally one – sided exponential Lévy models and Carr's approximation for American puts [J] . Stochastic Processes and Their Applications, 2002 (100): 75 – 107.

[29] Avram F. , Kyprianou A. E. , Pistorius M. R. Exit problems for spectrally negative Lévy processes and applications to (Canadized) Russian options [J] . The Annals of Applied Probability, 2004, 14 (1): 215 – 238.

[30] Avram F. , Palmowski Z. , Pistorius M. R. On the optimal dividend problem for a spectrally negative Lévy process [J] . The Annals of Applied Probability, 2007, 17 (1): 156 – 180.

[31] Avram F. , Vu N. L. , Zhou X. On taxed spectrally negative Lévy processes with draw – down stopping [J] . Insurance: Mathematics and Economics, 2017 (76): 69 – 74.

[32] Azcue P. , Muler N. Optimal reinsurance and dividend distribution policies in the Cramér – Lundberg model [J] . Mathematical Finance, 2005, 15 (2): 261 – 308.

[33] Azéma J. , Yor M. Une solution simple au probleme de Skorokhod [M] //Séminaire de probabilités XIII. Berlin: Springer, 1979.

[34] Barndorff – Nielsen O. E. , Franz U. , Gohm R. , et al. Quantum Inde-

pendent Increment Processes II Structure of Quantum Lévy Processes, Classical Probability, and Physics [M]. Berlin: Springer, 2006.

[35] Barndorff – Nielsen O. E., Shephard N. Modelling by Lévy Processes for Financial Econometrics [M] //Lévy Processes: Theory and Applications. Boston, MA: Birkhouser, 2001.

[36] Barone – Adesi G. The saga of the American put [J]. Journal of Banking and Finance, 2005, 29 (11): 2909 – 2918.

[37] Bayraktar E., Kyprianou A., Yamazaki K. Optimal dividends in the dual model under transaction costs [J]. Insurance: Mathematics and Economics, 2014 (54): 133 – 143.

[38] Bayraktar E., Kyprianou A. E., Yamazaki K. On optimal dividends in the dual model [J]. Insurance: Mathematics and Economics, 2013, 43 (3): 359 – 372.

[39] Belhaj M. Optimal dividend payments when cash reserves follow a jump – diffusion process [J]. Mathematical Finance, 2010, 20 (2): 313 – 325.

[40] Bertoin J. Lévy process [M]. Cambridge: Cambridge University Press, 1996.

[41] Bingham N. H., Kiesel R. Risk – Neutral Valuation [M] // Pricing and Hedging of Financial Derivatives. Berlin: Springer, 2004.

[42] Boguslavskay E. Optimization problems in financial mathematics: explicit solutions for diffusion models [D]. Amsterdam: University of Amsterdam, 2008.

[43] Boikov A. V. The Cramér – Lundberg model with stochastic premium process [J]. Theory of Probability and Its Applications, 2003, 47 (3): 489 – 493.

[44] Boyarchenko S. I., Levendorskii S. Z. Non – Gaussian Merton – Black – Scholes Theory [M]. Singapore: World Scientific, 2002.

[45] Boyarchenko S. I. , Levendorskii S. Z. Perpetual American options under Lévy processes [J] . SIAM J. Control Optim, 2002 (40): 1663 –1696.

[46] Bühlmann H. Mathematical methods in risk theory [M] . Berlin: Springer, 1970.

[47] Caballero M. E. , Pardo J. C. , Pérez J. L. Explicit identities for Lévy processes associated to symmetric stable processes [J] . Bernoulli, 2011 (17): 34 –59.

[48] Caballero M. E. , Pardo J. C. , Pérez J. L. On Lamperti stable processes [J] . Probability and Mathematiccal Statistics, 2010 (30): 1 –28.

[49] Cadenillas A. , Choulli T. , Taksar M. , et al. Classical and impulse stochastic control for the optimization of the dividend and risk policies of an insurance firm [J] . Mathematical Finance, 2006, 16 (1): 181 –202.

[50] Cai J. , Dickson D. C. M. On the expected discounted penalty function at ruin of a surplus process with interest [J] . Insurance: Mathematics and Economics, 2002 (30): 389 –404.

[51] Carr P. , Geman H. , Madan D. , et al. Stochastic volatility for Lévy processes [J] . Mathematical Finance, 2003 (13): 345 –382.

[52] Carr P. , Jarrow R. , Myneni R. Alternative characterizations of American put options [J] . Mathematical Finance, 1992, 2 (2): 87 –106.

[53] Carraro L. , Karoui N. E. , Oblój J. On Azéma – Yor processes, their optimal properties and the bachelier – drawdowm equation [J] . Annals of Probability, 2012, 40 (1): 372 –400.

[54] Chan T. Pricing contingent claims on stocks driven by Lévy Processes [J] . Annals of Applied Probability, 1999, 9 (2): 504 –528.

[55] Chan T. , Kyprianou A. E. , Savov M. Smoothness of scale functions for

spectrally negative Lévy processes [J] . Probability Theory and Related Fields, 2011, 150 (3 −4): 691 −708.

[56] Chen X. , Landriault D. , Li, B. , et al. On minimizing drawdown risks of lifetime investments [J] . Insurance: Mathematics and Economics, 2015 (65): 46 −54.

[57] Cheung E. C. K. , Dickson D. C. M. , Drekic S. Moments of discounted dividends for a threshold strategy in the compound Poisson risk model [J] . North American Actuarial Journal, 2008, 12 (3): 299 −318.

[58] Cheung E. C. K. , Liu H. , Woo J. K. On the joint analysis of the total discounted payments to policyholders and shareholders: Dividend barrier strategy [J] . Risks, 2015, 3 (4): 491 −514.

[59] Cheung E. C. , Liu H. , Willmot G. E. Joint moments of the total discounted gains and losses in the renewal risk model with two − sided jumps [J] . Applied Mathematics and Computation, 2018 (331): 358 −377.

[60] Cheung E. C. , Zhang Z. Periodic threshold − type dividend strategy in the compound Poisson risk model [J] . Scandinavian Actuarial Journal, 2019 (1): 1 −31.

[61] Choi M. C. , Cheung E. C. On the expected discounted dividends in the Cramér − Lundberg risk model with more frequent ruin monitoring than dividend decisions [J] . Insurance: Mathematics and Economics, 2014 (59): 121 −132.

[62] Czarna I. , Palmowski Z. Dividend problem with Parisian delay for a spectrally negative Lévy risk process [J] . Journal of Optimization Theory and Applications, 2014, 161 (1): 239 −256.

[63] De Finetti B. Su un' impostazione alternativa della teoria collettiva del rischio [J] . In Transactions of the XV thinternational congress of Actuaries,

1957, 2 (1): 433 –443.

[64] Deelstra G. , Latouche G. , Simon M. On barrier option pricing by Er-langization in a regime – switching model with jumps – ScienceDirect [J] . Journal of Computational and Applied Mathematics, 2020 (371) .

[65] Dickson D. C. M. , Hipp C. On the time to ruin for Erlang (2) risk proces-ses [J] . Insurance: Mathematics and Economics, 2001, 29 (3): 333 –344.

[66] Dickson D. C. M. , Waters H. R. Some optimal dividends problems [J] . ASTIN Bulletin: The Journal of the IAA, 2004, 34 (1): 49 –74.

[67] Dong H. , Yin C. , Dai H. Spectrally negative Lévy risk model under Erlangized barrier strategy [J] . Journal of Computational and Applied Mathemat-ics, 2019 (351): 101 –116.

[68] Douady R. , Shiryaev A. N. , Yor M. On probability characteristics of downfalls in a standard Brownian motion [J] . Theory of Probability and Its Appli-cations, 2000, 44 (1): 29 –38.

[69] Dufresne F. , Gerber H. U. Risk theory for the compound Poisson process that is perturbed by diffusion [J] . Insurance: Mathematics and Econom-ics, 1991, 10 (1): 51 –59.

[70] Eberlein, E. Application of generalized hyperbolic Lévy motions to fi-nance [M] . Lévy Processes: Theory and Applications Basel: Birkhäuser, 2001.

[71] Elliott R. J. , Chan L. , Siu T. K. Option pricing and Esscher transform under regime switching [J] . Annals of Finance, 2005, 1 (4): 423 –432.

[72] Elliott R. J. , Siu T. K. , Chan L. On pricing barrier options with re-gime switching [J] . Journal of Computational and Applied Mathematics, 2014 (256): 196 –210.

[73] Gao H. , Yin C. The perturbed Sparre Andersen model with a threshold

dividend strategy [J]. Journal of Computational and Applied Mathematics, 2008, 220 (1–2): 394–408.

[74] Gao Q., Yang X. Asymptotic ruin probabilities in a generalized bidimensional risk model perturbed by diffusion with constant force of interest [J]. Journal of Mathematical Analysis and Applications, 2014, 419 (2): 1193–1213.

[75] Gerber H. U. Entscheidungskriterien für den zusammengesetzten Poisson – prozess [J]. Mitteilungen der Vereinigung Schweizerischer Versicherungsmathematiker, 1969 (1): 185–227.

[76] Gerber H. U., Lin X. S., Yang H. A note on the dividends – penalty identity and the optimal dividend barrier [J]. ASTIN Bulletin: The Journal of the IAA, 2006, 36 (2): 489–503.

[77] Gerber H. U., Shiu E. S. W. On optimal dividend strategies in the compound Poisson model [J]. North American Actuarial Journal, 2006, 10 (2): 76–94.

[78] Gerber H. U., Shiu E. S. W. On optimal dividends: From reflection to refraction [J]. Journal of Computational and Applied Mathematics, 2006, 186 (1): 4–22.

[79] Gerber H. U., Shiu E. S. W. On the time value of ruin [J]. North American Actuarial Journal, 1998, 2 (1): 48–72.

[80] Gerber H. U., Shiu E. S. W. Optimal dividends: Analysis with Brownian motion [J]. North American Actuarial Journal, 2004, 8 (1): 1–20.

[81] Good I. J. The population frequencies of species and the estimation of populations parameters [J]. Biometrika, 1953 (40): 260–273.

[82] Grosswald E. The student t – distribution of any degree of freedom is infinitely divisible [J]. Zeitschrift Wahrscheimichkeitstheorie und Verwandte Gebiete,

1976 (36): 103 – 109.

[83] Halgreen C. Self – decomposability of the generalized inverse Gaussian and hyperbolic distributions [J]. Zeitschrift Wahrscheimichkeitstheorie und Verwandte Gebiete, 1979 (47): 13 – 18.

[84] Han X. , Liang Z. , Yuen K. C. Optimal proportional reinsurance to minimize the probability of drawdown under thinning – dependence structure [J]. Scandinavian Actuarial Journal, 2018 (10): 863 – 889.

[85] He L. , Liang Z. X. Optimal financing and dividend control of the insurance company with fixed and proportional transaction costs [J]. Insurance: Mathematics and Economics, 2009 (44): 88 – 94.

[86] Hougaard P. Survival models for heterogeneous populations derived from stable distributions [J]. Biometrika, 1986 (73): 386 – 396.

[87] Ismail M. E. H. Bessel functions and the infinite divisibility of the Student t – distribution [J]. The Annals of Probability, 1977 (5): 582 – 585.

[88] Ismail M. E. H. , Kelker D. H. Special functions, Stieltjes transforms and infinite divisibility [J]. SIAM Journal on Control and Optimization, 1979 (10): 884 – 901.

[89] Ivanovs J. , Palmowski Z. Occupation densities in solving exit problems for Markov additive processes and their reflections [J]. Stochastic Processes and their Applications, 2013, 122 (9): 3342 – 3360.

[90] Jeanblanc – Picqué M. , Shiryaev A. N. Optimization of the flow of dividends [J]. Uspekhi Matematicheskikh Nauk, 1995, 50 (2): 25 – 46.

[91] Jiang Z. , Pistorius M. Optimal dividend distribution under Markov regime switching [J]. Finance and Stochastics, 2012, 16 (3): 449 – 476.

[92] Jørgensen B. Statistical properties of the generalized inverse gaussian dis-

tribution [M] //Lecture Notes in Statistics. Berlin: Springer, 1982.

[93] Kasozi J. , Mayambala F. , Charles W. M. Dividend maximization in the cramér – Lundberg model using Homotopy analysis method [J] . Journal of Mathematics and Statistics, 2011, 7 (1): 61 – 67.

[94] Koponen I. Analytic approach to the problem of convergence of truncated Lévy flights towards the Gaussian stochastic process [J] . Physical Review Letters, 1995 (52): 1197 – 1199.

[95] Kulenko N. , Schmidli H. Optimal dividend strategies in a Cramér – Lundberg model with capital injections [J] . Insurance: Mathematics and Economics, 2008, 43 (2): 270 – 278.

[96] Kuznetsov A. On extrema of stable processes [J] . Annals of Probability, 2011 (39): 1027 – 1060.

[97] Kuznetsov A. Wiener – Hopf factorization and distribution of extrema for a family of Lévy processes [J] . Annals of Probability, 2010 (20): 1801 – 1830.

[98] Kuznetsov A. Wiener – Hopf factorization for a family of Lévy processes related to theta functions [J] . Journal of Applied Probability, 2010 (47): 1023 – 1033.

[99] Kuznetsov A. , Kyprianou A. E. , Rivero V. The theory of scale functions for spectrally negative Lévy processes [M] //Lévy matters Ⅱ. Berlin: Springer, 2012: 97 – 186.

[100] Kyprianou A. E. Fluctuations of Lévy processes with applications: Introductory Lectures [M] . Berlin: Springer – Verlag, 2014.

[101] Kyprianou A. E. , Palmowski Z. Distributional study of de Finetti's dividend problem for a general Lévy insurance risk process [J] . Journal of Applied Probability, 2007, 44 (2): 428 – 443.

［102］ Landriault D. , Li B. , Li S. Drawdown analysis for the renewal insurance risk process ［J］ . Scandinavian Actuarial Journal, 2017 （3）: 267 – 285.

［103］ Landriault D. , Li B. , Li S. Expected utility of the drawdown – based regime – switching risk model with state – dependent termination ［J］ . Insurance: Mathematics and Economics, 2018, 79 （3）: 137 – 147.

［104］ Landriault D. , Li B. , Zhang H. On magnitude, asymptotics and duration of drawdowns for Lévy models ［J］ . Bernoulli, 2017, 23 （1）: 432 – 458.

［105］ Landriault D. , Li B. , Zhang H. On the frequency of drawdowns for Brownian motion processes ［J］ . Journal of Applied Probability, 2015, 52 （1）: 191 – 208.

［106］ Landriault D. , Willmot G. E. On series expansions for scale functions and other ruin – related quantities ［J］ . Scandinavian Actuarial Journal, 2019, 2020 （4）: 292 – 306.

［107］ Lehoczky J. P. Formulas for stopped diffusion processes with stopping times based on the maximum ［J］ . The Annals of Probability, 1977, 5 （4）: 601 – 607.

［108］ Li B. , Vu N. L. , Zhou X. Exit problems for general draw – down times of spectrally negative Lévy processes ［J］ . Journal of Applied Probability, 2019, 56 （2）: 441 – 457.

［109］ Li B. , Wu R. The dividend function in the jump – diffusion dual model with barrier dividend strategy ［J］ . Applied Mathematics and Mechanics, 2008, 29 （9）: 1239 – 1249.

［110］ Li S. The distribution of the dividend payments in the compound Poisson risk model perturbed by diffusion ［J］ . Scandinavian Actuarial Journal, 2006, 2: 73 – 85.

[111] Li S. , Lu Y. The distribution of total dividend payments in a Sparre Andersen model [J] . Statistics and Probability Letters, 2009, 79 (9): 1246 – 1251.

[112] Lin X. S. , Pavlova K. P. The compound Poisson risk model with a threshold dividend strategy [J] . Insurance: Mathematics and Economics, 2006, 38 (1): 57 – 80.

[113] Lin X. S. , Willmot G. E. , Drekic S. The classical risk model with a constant dividend barrier: Analysis of the Gerber – Shiu discounted penalty function [J] . Insurance: Mathematics and Economics, 2003, 33 (3): 551 – 566.

[114] Liu X. , Chen Z. Dividend problems in the dual model with diffusion and exponentially distributed observation time [J] . Statistics and Probability Letters, 2014 (87): 175 – 183.

[115] Liu Y. , Chen X. , Zhuo W. Dividends under threshold dividend strategy with randomized observation periods and capital – exchange agreement [J] . Journal of Computational and Applied Mathematics, 2019, 366 (3): 112426.

[116] Liu Z. , Chen P. Dividend payments until draw – down time for risk models driven by spectrally negative Lévy processes [J] . Communications in Statistics: Simulation and Computation, 2020 (3): 1 – 20.

[117] Liu Z. , Chen P. , Hu Y. On the dual risk model with diffusion under a mixed dividend strategy [J] . Applied Mathematics and Computation, 2020 (376): 125115.

[118] Liu Z. , Ming R. X. , Wang W. Y. , et al. The threshold dividend strategy in the dual risk model perturbed by diffusion [J] . Journal of University of Science and Technology of China, 2012, 42 (6): 475 – 481.

[119] Loeffen R. An optimal dividends problem with transaction costs for spec-

trally negative Lévy processes ［J］. Insurance: Mathematics and Economics, 2009 (45): 41 –48.

［120］ Loeffen R. L. On optimality of the barrier strategy in de Finetti's dividend problem for spectrally negative Lévy processes ［J］. The Annals of Applied Probability, 2008, 18 (5): 1669 –1680.

［121］ Loeffen R. L. , Renaud J. F. De Finetti's optimal dividends problem with an affine penalty function at ruin ［J］. Insurance: Mathematics and Economics, 2010, 46 (1): 98 –108.

［122］ Loeffen R. L. , Renaud J. F. , Zhou X. Occupation times of intervals until first passage times for spectrally negative Lévy processes ［J］. Stochastic Processes and their Applications, 2014, 124 (3): 1408 –1435.

［123］ Lundberg, F. Uber die Theorie der Ruck – versicherung. In Trans VI International Congress Actuaries, 1909: 877 –955.

［124］ Maller, R. A. , Solomon D. H. , Szimayer A. A multinomial approximation for American option prices in Lévy process models ［J］. Mathematical Finance, 2005, 16 (4): 613 –633.

［125］ Mijatovic A. , Pistorius M. R. On the drawdown of completely asymmetric Lévy processes ［J］. Stochastic Processes and their Applications, 2012, 122 (11): 3812 –3836.

［126］ Miller M. H. , Modigliani F. Dividend policy, growth, and the valuation of shares ［J］. The Journal of Business, 1961, 34 (4): 411 –433.

［127］ Ng A. C. Y. On a dual model with a dividend threshold ［J］. Insurance: Mathematics and Economics, 2009, 44 (2): 315 –324.

［128］ Noba K. , Pérez J. L. , Yamazaki K. , et al. On optimal periodic dividend strategies for Lévy risk processes ［J］. Insurance: Mathematics and Economics, 2018 (80): 29 – 44.

[129] Paulsen J. Optimal dividend payments until ruin of diffusion processes when payments are subject to both fixed and proportional costs [J]. Advances in Applied Probability, 2007 (39): 669 – 689.

[130] Peng X. H., Su W., Zhang Z. M. On a perturbed compound Poisson risk model under a periodic threshold – type dividend strategy [J]. Journal of Industrial and Management Optimization, 2020, 16 (4): 1967 – 1986.

[131] Pistorius M. An excursion – theoretical approach to some boundary crossing problems and the skorokhod embedding for refrected Levy processes [M] //Seminaire de Probabilites XL. Berlin: Springer, 2007.

[132] Pospisil L, Vecer J. Portfolio sensitivity to changes in the maximum and the maximum drawdown [J]. Quantitative Finance, 2010, 10 (6): 617 – 627.

[133] Pospisil L., Vecer J., Hadjiliadis O. Formulas for stopped diffusion processes with stopping times based on drawdowns and drawups [J]. Stochastic Processes and Their Applications, 2009, 119 (8): 2563 – 2578.

[134] Pérez J. L., Yamazaki K. On the optimality of periodic barrier strategies for a spectrally positive Lévy process [J]. Insurance: Mathematics and Economics, 2017 (77): 1 – 13.

[135] Pérez J. L., Yamazaki K. Optimality of hybrid continuous and periodic barrier strategies in the dual model [J]. Applied Mathematics and Optimization, 2020 (82): 105 – 133.

[136] Ramsden L., Papaioannou A. D. On the time to ruin for a dependent delayed capital injection risk model [J]. Applied Mathematics and Computation, 2019 (352): 119 – 135.

[137] Renaud J. F., Zhou X. Distribution of the present value of dividend

payments in a Lévy risk model [J] . Journal of Applied Probability, 2017, 44 (2): 420 - 427.

[138] Ruan J. , Yu W. , Song K. , et al. A note on a generalized Gerber - Shiu discounted penalty function for a compound Poisson risk model [J] . Mathematics, 2019, 7 (10): 891.

[139] Samorodnitsky G. , Taqqu M. S. Stable Non - Gaussian Random Processes [M] . New York: Routledge, 1994.

[140] Sato K. I. Levy processes and infinitely divisible distributions [M] . Cambridge: Cambridge University Press, 1999.

[141] Scheer N. , Schmidli H. Optimal dividend strategies in a Cramér - Lundberg model with capital injections and administration costs [J] . European Actuarial Journal, 2011, 1 (1): 57 - 92.

[142] Schmidli H. Stochastic Control in Insurance [M] . London: Springer - Verlag, 2008.

[143] Schoutens W. Lévy Processes in Finance. Pricing Finance Derivatives [M] . New York: Wiley, 2003.

[144] Schoutens W. , Cariboni J. Lévy Processes in Credit Risk [M] . New York: Wiley, 2009.

[145] Schoutens W. , Teugels J. L. Lévy processes, polynomials and martingales [J] . Communications in Statistics. Stochastic Models, 1998, 14 (1 - 2): 335 - 349.

[146] Sendova K. P. , Yang C. , Zhang R. Dividend barrier strategy: Proceed with caution [J] . Statistics and Probability Letters, 2018 (137): 157 - 164.

[147] Shen Y. , Yin C. , Yuen K. C. Alternative approach to the optimality

of the threshold strat – egy for spectrally negative Lévy processes ［J］. Acta Mathematicae Applicatae Sinica, English Series, 2013, 29 (4): 705 – 716.

［148］Shi Z. G., Zheng Y., Bian X., et al. Threshold – based resampling for high – speed particle PHD filter ［J］. Progress In Electromagnetics Research, 2013 (136): 369 – 383.

［149］Steutel F. W. Preservation of Infinite Divisibility under Mixing and Related Topics ［J］. Math, 1970, 28 (2): 1 – 33.

［150］Steutel F. W. Some recent results in infinite divisibility ［J］. Stochastic Processes and Their Application, 1973, 1 (2): 125 – 143.

［151］Taylor H. M. A stopped Brownian motion formula ［J］. The Annals of Probability, 1975, 3 (2): 234 – 246.

［152］Thonhauser S., Albrecher H. Dividend maximization under consideration of the time value of ruin ［J］. Insurance: Mathematics and Economics, 2007 (41): 163 – 184.

［153］Thorin O. On the infinite divisibility of the lognormal distribution ［J］. Scandinavian Actuarial Journal, 1977 (3): 121 – 148.

［154］Thorin O. On the infinite divisibility of the Pareto distribution ［J］. Scandinavian Actuarial Journal, 1977 (1): 31 – 40.

［155］Tsai, C. C. L., Gordon E. W. A generalized defective renewal equation for the surplus process perturbed by diffusion ［J］. Insurance: Mathematics and Economics, 2002, 30 (1): 51 – 66.

［156］Tweedie M. C. K. An index which distinguishes between some important exponential families ［R］. Proceeding of the Indian Statistical Institute Golden Jubilee International Conference, 1984.

［157］Wan N. Dividend payments with a threshold strategy in the compound

Poisson risk model perturbed by diffusion [J]. Insurance: Mathematics and Economics, 2007, 40 (3): 509 – 523.

[158] Wang G. A decomposition of the ruin probability for the risk process perturbed by diffusion [J]. Insurance: Mathematics and Economics, 2001, 28 (1): 49 – 59.

[159] Wang G., Wu R. Some distributions for classical risk process that is perturbed by diffusion [J]. Insurance: Mathematics and Economics, 2000, 26 (1): 15 – 24.

[160] Wang W., Chen P., Li S. Generalized expected discounted penalty function at general drawdown for Lévy risk processes [J]. Insurance: Mathematics and Economics, 2020 (91): 12 – 25.

[161] Wang W., Ming R. Two – side exit problems for taxed Lévy risk process involving the general draw – down time [J]. Statistics and Probability Letters, 2008 (138): 66 – 74.

[162] Wang W., Zhang Z. Computing the Gerber – Shiu function by frame duality projection [J]. Scandinavian Actuarial Journal, 2019 (4): 291 – 307.

[163] Wang W., Zhang Z. Optimal loss – carry – forward taxation for Lévy risk processes stopped at general draw – down time [J]. Advances in Applied Probability, 2019, 51 (3): 865 – 897.

[164] Wang W., Zhou X. General drawdown – based de Finetti optimization for spectrally negative Lévy risk processes [J]. Journal of Applied Probability, 2018, 55 (2): 513 – 542.

[165] Wang W., Zhou X. W. A drawdown reflected spectrally negative Lévy process [J]. Journal of Theoretical Probability, 2021 (34): 283 – 306.

[166] Wang W. Y., Hu Y. J. Optimal loss – carry – forward taxation for the

Lévy risk model [J] . Insurance: Mathematics and Economics, 2012, 50 (1):
121 – 130.

[167] Wang W. Y. , Liu Z. The expected discounted penalty Function under
the Compound Poisson Risk Model with Tax Payments and a Threshold Dividend
Strategy [J] . Journal of University of Sience and Technology of China, 2016 (2):
87 – 94.

[168] Wang W. Y. , Zhou X. W. Draw – down Parisian ruin for spectrally
negative Lévy process [J] . Advances in Applied Probability, 2020, 52 (4):
1164 – 1196.

[169] Wei J. , Yang H. , Wang R. Optimal threshold dividend strategies un-
der the compound Poisson model with regime switching [M] // Stochastic Analysis
with Financial Applications. Basel: Springer, 2011.

[170] Wen Y. Z. , Yin C. C. On a dual model with barrier strategy [J] .
Journal of Applied Mathematics, 2012: 1 – 13.

[171] Xing Y. , Yang X. Laplace transform approach to option pricing for
time – changed Brownian models [J] . Communications in Statistics – Simulation
and Computation, 2017, 46 (3): 2121 – 2137.

[172] Yamazaki K. Inventory control for spectrally positive Lévy demand
processes [J] . Mathematics of Operations Research, 2016, 42 (1): 212 – 237.

[173] Yang C. , Sendova K. P. , Li Z. Parisian ruin with a threshold divi-
dend strategy under the dual Lévy risk model [J] . Insurance: Mathematics and E-
conomics, 2020 (90): 135 – 150.

[174] Yang L. , Deng G. H. A perturbed risk model with constant interest and
periodic barrier dividend strategy [J] . Communications in Statistics – Simulation
and Computation, 2019: 1 – 15.

［175］ Yao D. , Yang H. , Wang R. Optimal dividend and capital injection problem in the dual model with proportional and fixed transaction costs ［J］. European J. Oper. Res, 2011, 211 (3): 568 – 576.

［176］ Yao D. J. , Wang R. M. Exponential bounds for ruin probability in two moving average risk models with constant interest rate ［J］. Acta Mathematica Sinica, English Series, 2008, 24 (2): 319 – 328.

［177］ Yao D. J. , Yang H. L. , Wang R. M. Optimal financing and dividend strategies in a dual model with proportional costs ［J］. Journal of Industrial and Management Optimization, 2010, 6 (4): 761 – 777.

［178］ Yin C. , Wang C. Optimality of the barrier strategy in de Finetti's dividend problem for spectrally negative Lévy processes: An alternative approach ［J］. Journal of Computational and Applied Mathematics, 2009, 233 (2): 482 – 491.

［179］ Yin C. , Wen Y. Optimal dividend problem with a terminal value for spectrally positive Lévy processes ［J］. Insurance: Mathematics and Economics, 2013, 53 (3): 769 – 773.

［180］ Yin C. C. , Wen Y. Z. , Zhao Y. X. On the optimal dividend problem for a spectrally positive Lévy process ［J］. ASTIN Bulletin: The Journal of the IAA, 2014, 44 (3): 635 – 651.

［181］ Yuen K. C. , Lu Y. , Wu R. The compound Poisson process perturbed by a diffusion with a threshold dividend strategy ［J］. Applied Stochastic Models in Business and Industry, 2009, 25 (1): 73 – 93.

［182］ Yuen K. C. , Wang G. , Li W. K. The Gerber – Shiu expected discounted penalty function for risk processes with interest and a constant dividend barrier ［J］. Insurance: Mathematics and Economics, 2007, 40 (1): 104 – 112.

［183］ Yuen K. C. , Yin C. On optimality of the barrier strategy for a general

Lévy risk process [J]. Mathematical and Computer Modelling, 2011, 53 (9 – 10): 1700 – 1707.

[184] Zhang A., Liu Z. On joint occupation times for compound Poisson risk model with two – step premium rate [J]. Chinese Journal of applied probability and statistics, 2020, 36 (3): 261 – 276.

[185] Zhang A., Liu Z., Wang W., et al. Impulse stochastic control for the optimal dividend policy in a classical risk model with capital injection, transaction Costs and Taxes [J]. Chinese Journal of applied probability and statistics, 2019, 35 (1): 1 – 27.

[186] Zhang A., Liu Z. A Lévy risk model with ratcheting dividend strategy and historic high – related stopping [J]. Mathematical Problems in Engineering, doi. org/10. 1155/2020/6282869, 2020.

[187] Zhang H. Occupation times, drawdowns, and drawups for one – dimensional regular diffusions [J]. Advances in Applied Probability, 2015, 47 (1): 210 – 230.

[188] Zhang H., Leung T., Hadjiliadis O. Stochastic modeling and fair valuation of drawdown insurance [J]. Insurance: Mathematics and Economics, 2013, 53 (3): 840 – 850.

[189] Zhang S. Q. Impulse stochastic control for the optimization of the dividend payments of the compound Poisson risk model perturbed by diffusion [J]. Stochastic Analysis and Applications, 2012, 30 (4): 642 – 661.

[190] Zhang Z. On a risk model with randomized dividend – decision times [J]. Journal of Industrial and Management Optimization, 2014, 10 (4): 1041 – 1058.

[191] Zhang Z., Cheung E. C. K. A note on a Lévy insurance risk model

under periodic dividend decisions ［J］. Journal of Industrial and Management Optimization, 2018, 14 (1): 35 – 63.

［192］ Zhang Z., Cheung E. C. K. The Markov additive risk process under an Erlangized dividend barrier strategy ［J］. Methodology and Computing in Applied Probability, 2016, 18 (2): 275 – 306.

［193］ Zhang Z., Han X. The compound Poisson risk model under a mixed dividend strategy ［J］. Applied Mathematics and Computation, 2017 (315): 1 – 12.

［194］ Zhang Z., Liu C. Moments of discounted dividend payments in a risk model with randomized dividend – decision times ［J］. Frontiers of Mathematics in China, 2017, 12 (2): 493 – 513.

［195］ Zhang Z., Su W. Estimating the Gerber – Shiu function in a Lévy risk model by Laguerre series expansion ［J］. Journal of Computational and Applied Mathematics, 2019 (346): 133 – 149.

［196］ Zhang Z., Yong Y., Yu W. Valuing equity – linked death benefits in general exponential Lévy models ［J］. Journal of Computational and Applied Mathematics, doi. org/10. 1016/j. cam. 2019. 112377, 2020.

［197］ Zhao Y., Chen P., Yang H. Optimal periodic dividend and capital injection problem for spectrally positive Lévy processes ［J］. Insurance: Mathematics and Economics, 2017 (74): 135 – 146.

［198］ Zhao Y., Wang R., Yao D., et al. Optimal dividends and capital injections in the dual model with a random time horizon ［J］. Journal of Optimization Theory and Applications, 2015, 167 (1): 272 – 295.

［199］ Zhi H., Pu J. On a dual risk model perturbed by diffusion with dividend threshold ［J］. Chinese Annals of Mathematics, Series B, 2016, 37 (5): 777 – 792.

［200］Zhou X. Exit problems for spectrally negative Lévy processes reflected at either the supremum or the infimum［J］. Journal of Applied Probability, 2007, 44（4）: 1012 - 1030.

［201］Zhou Z. , Xiao H. , Deng Y. Markov - dependent risk model with multi - layer dividend strategy［J］. Applied Mathematics and Computation, 2015（252）: 273 - 286.

［202］Zolotarev V. M. One - Dimensional Stable Distributions［M］. Providence: American Mathematical Society, 1986.

［203］柏立华. 随机控制理论在金融和保险中的应用［D］. 天津: 南开大学博士学位论文, 2009.

［204］姚定俊. 分红及若干相关随机控制问题研究［D］. 上海: 华东师范大学博士学位论文, 2010.

# 后　记

本书得到了江西省高校人文社会科学研究项目（JC20203）以及江西省科技计划项目（GJJ180201）的出版资助。在研究与写作本书的过程中，得到了许多单位和个人的关心与支持，在此，谨代表课题组向他们致以最诚挚的感谢。

本书的基准研究依据一部分来自我的博士学位论文。衷心感谢我的博士生导师胡亦钧教授。在我攻读博士的三年期间，无论是在学业上还是在生活中，胡老师都给予了悉心的指导和无微不至的关怀。胡老师的谆谆教导，深深影响着我，时时鞭策着我，他传授于我的科学的学习方法以及做人做事的态度必将使我受益终生。在此，向胡老师致以最诚挚的感谢。

感谢江西农业大学的配套资金支持以及江西农业大学计算机与信息工程学院党政领导给予宽松的工作环境和学术研究的大力支持。感谢王文元老师对本书研究内容给予的帮助；感谢一起合作的陈平老师、张爱丽老师；正是因为和他们一次又一次的积极交流和讨论，才使本书的顺利出版成为可能。他们渊博的知识、敏锐的思维、严谨的治学风格、孜孜不倦的学习态度，让我感受到能够和这么多优秀老师一起学习与工作是多么幸福。

感谢江西农业大学的王映龙教授、魏毅教授在本书出版之前提供的建议与帮助。感谢一起工作的同事方桂英、梅芳、胡菊华、胡建根、付莲莲、伍健、钟培华、缪建群、吴志远、李灿华、朱丽、王巧玲、宋秀英、唐宏伟等老师一直以来提供的支持和帮助。

同时，要感谢课题组成员付莲莲、朱丽、伍健、袁远龙老师的支持与合作。还要感谢参与本书研究的我的学生团队，包括滕佳敏、平震、陈紫芸、万楠楠、夏骅宇、何欢、黄咏、王捡、李露、蒋泽仁、颜国粹、陈宇欣、雷楠、李佩儒。

特别感谢经济管理出版社多名编审和杨国强先生对本书提出的宝贵修改意见和对本书出版给予的大力支持。

最后，我要感谢我的家人这么多年来给予我无私的爱，以及在生活中给予我的支持和帮助。感谢我的父亲和母亲，他们经常勉励我面对生活中的各种情况都要保持乐观向上的态度，要有一颗感恩的心，做一个对社会有用的人。感谢我的两位姐姐，她们无时无刻不在支持和鼓励我。特别要感谢我的爱人十一年来用行动默默地表达对我的爱与支持。感谢我家的小朋友，与他一起成长的日子给予了我源源不断的写作动力，在他即将从南昌站小毕业之际特将此书作为礼物送给他，愿他努力学习，快乐成长。我还要告诉我的家人，你们温暖的陪伴一直都是我前进的无穷动力，祝愿你们身体健康，幸福常伴！

刘　章

2021 年 5 月